JN090419

学校でも、家庭でも
教科書レベルの力がつく！

国語

小学 **5** 年生

習熟プリント

学力の基礎をきたえどの子も伸ばす研究会
松井 憲三 著
金井 敬之 編

これなら
できた！

清風堂書店

はじめに

本書は、発売以来三十年以上も学校や家庭で支持され、歴史を積み重ねてきました。

それは、「勉強に苦手意識のある子どもを助けたい」という私たちの願いを皆様に感じ取っていただけたからだと思います。

今回の改訂では、より子どもの学習の質を高める特長を追加しました。

変わらない特長

○教科書レベルの力がどの子にも身につくようにする。

○大事なところは、くり返し練習して習熟できるようにする。

○通常のステップよりも、さらに細かくスモールステップにする。

新しい特長

○読みやすさ、わかりやすさを考えた「太めの手書き風文字」

○解答は、本文を縮小し、答えのみ赤字で表した「答え合わせがしやすい解答」

○随所に、子どもの意欲・自己肯定感を伸ばす「ほめる・はげます言葉」

○学校でコピーする際に便利な「消えるページ番号」

（※本書の「教育目的」や「私的使用の範囲」以外での印刷・複製は、著作権侵害にあたりますのでおやめください。）

小学校の国語科は、学校で使用する教科書によって、進度・内容が変わります。

そこで本書では、前述の特長を生かし、どの子にも力がつく学習ができるように工夫をしました。

まず、「文字学習」「語彙学習」「文法学習」「読解学習」といった幅広い学習内容に対応し、子ども一人一人の目的に合わせた学習を可能にしました。

また、ポイントの押さえ方がわかる構成と、基本に忠実で着実に学力をつけられる問題で、苦手な子でも自分の力で取り組めるようにしています。

文章を「読む力」「書く力」は、どんな時代でも必要とされる力です。

本書が、子どもたちの学力育成と、「わかった！」「できた！」と笑顔になる一助になれば幸いです。

このページで学習する内容を表します。

学習した月日、名前を書きましょう。

白黒コピーでページ番号が消えます。

ほめる・はげます言葉

送りがな①

名前　　　月　日

次の漢字の送りがな（　）に書きましょう。

① 任（　）まかせる
② 慣（　）なれる
③ 絶（　）たえる
④ 寄（　）よせる
⑤ 破（　）やぶる
⑥ 示（　）しめす
⑦ 述（　）のべる
⑧ 確（　）たしかめる
⑨ 現（　）あらわれる
⑩ 留（　）とめる
⑪ 許（　）ゆるす
⑫ 保（　）たもつ
⑬ 支（　）ささえる
⑭ 快（　）こころよい
⑮ 燃（　）もえる
⑯ 再（　）ふたたび
⑰ 増（　）ふえる
⑱ 混（　）まぜる
⑲ 勢（　）いきおい
⑳ 厚（　）あつい
㉑ 独（　）ひとり
㉒ 率（　）ひきいる
㉓ 導（　）みちびく
㉔ 比（　）くらべる
㉕ 測（　）はかる
㉖ 務（　）つとめる
㉗ 備（　）そなえる
㉘ 久（　）ひさしい

⑧⑨⑭㉒は特にまちがえやすいよ。できたらえらい！

解答は、問題が白黒、答えが赤だから、答えが一目でわかる。○つけがカンタン！

説明文　東京スカイツリーのひみつ②

名前　　　月　日

次の文章を読んで後の問いに答えましょう。

せの高いタワーがたおれずに安定するために は、足もとと柱とのきょりが長いほうが 有利です。「すもう」をとるときには、 両足を大きく開いてふんばり、たおされない ようにして相手と組み合います。

東京タワーの場合、足もとに四本の大きな 柱があり、真上から見ると足もとが正方形に なっています。柱と柱の間のきょりは、九五 メートルもあり、高さ三三三メートルのタワ ーを四本の柱がしっかりとささえています。

一方、東京スカイツリーは、東京タワーの 二倍近くの高さがあるのですが、この足もと 土地では、足もとの正方形の一辺の長さは約 六〇メートルしか取れません。この足もとが せまいのに、どうやって安全なタワーを建 てられるのか。設計者たちはけんとうを重ね ました。

設計者たちは、いくつものくふうを作り、 話し合いを重ねたところ、足もとを正三角形 にすれば一辺の長さが約六八メートルと、四 角形にするよりも一辺あたりハ メートル長く 取れることが分かりました。それで、このタ ワーの足もとは世界でもめずらしい正三角形 になっているのです。

（参考・引用「くらしと新しい小学校国語四年上」東京書籍 令和二年度版）

⑥ よく調べたり考えたりするという意味の言葉 を文中からさがしましょう。
（けんとう　　　）

① せの高いタワーが安定するためにはどんなこ とが有利ですか。
（足もとと柱とのきょりが長いこと。）

② □ に入る言葉を選んで○をつけましょう。
（○）すもう
　（　）なぜなら　　例えば
　（○）例えば　　逆に

③ タワーの安定を説明するために何の例をあげ ていますか。
（すもう　　　）

④ きびしい条件とは何ですか。正しい文を選ん で○をつけましょう。
（○）建設の費用がかかりすぎること。
　（　）細長い土地で柱のきょりが十分にとれ ないこと。
　（　）工事の期間があまりないこと。

⑤ 表の空いているところに、数字や言葉を入れ ましょう。

	高さ(m)一辺の長さ(m)		もとの形
東京タワー	三三三	九五	正方形
東京スカイツリー	六三四	約六八	正三角形

「〜こと。」と答えよう

ワンポイントアドバイスつき！

国語習熟プリント五年生　目次

物語文

伝記

説明文

名前

月　日

次の漢字の送りがなを（　）に書きましょう。

① 任 まかせる （　）

② 慣 なれる （　）

③ 絶 たえる （　）

④ 寄 よせる （　）

⑤ 破 やぶる （　）

⑥ 示 しめす （　）

⑦ 述 のべる （　）

⑧ 確 たしかめる （　）

⑨ 現 あらわれる （　）

⑩ 留 とめる （　）

⑪ 許 ゆるす （　）

⑫ 保 たもつ （　）

⑬ 支 ささえる （　）（　）

⑭ 快 こころよい （　）（　）

⑮ 燃 もえる （　）（　）

⑯ 再 ふたたび （　）（　）

⑰ 増 ふえる （　）（　）

⑱ 混 まぜる （　）（　）

⑲ 勢 いきおい （　）（　）

⑳ 厚 あつい （　）（　）

㉑ 独 ひとり （　）（　）

㉒ 率 ひきいる （　）（　）

㉓ 導 みちびく （　）（　）

㉔ 比 くらべる （　）（　）

㉕ 測 はかる （　）（　）

㉖ 務 つとめる （　）（　）

㉗ 備 そなえる （　）（　）

㉘ 久 ひさしい （　）（　）

⑧⑨⑭㉓は特に
まちがえやすいよ。
できたらすごい！

① 次の言葉で、送りがなの正しい方に○をつけましょう。

名前

月　日

① ( ) 飲み水
　 ( ) 飲水

② ( ) 種明かし
　 ( ) 種明し

③ ( ) 間近
　 ( ) 間近か

④ ( ) 氷水
　 ( ) 氷り水

⑤ ( ) 切口
　 ( ) 切リ口

⑥ ( ) 話合い
　 ( ) 話し合い

⑦ ( ) 落し物
　 ( ) 落とし物

⑧ ( ) 行き止り
　 ( ) 行き止まり

⑨ ( ) 短い文
　 ( ) 短かい文

次の漢字の送りがなを（　）に書きましょう。

① 志 こころざす（　）（　）

② 易 やさしい（　）（　）

③ 責 せめる（　）（　）

④ 逆 さからう（　）（　）

⑤ 険 けわしい（　）（　）

⑥ 築 きずく（　）（　）

⑦ 構 かまえる（　）（　）

⑧ 設 もうける（　）（　）

⑨ 迷 まよう（　）（　）

⑩ 営 いとなむ（　）（　）

⑪ 耕 たがやす（　）（　）

⑫ 暴 あばれる（　）（　）

かなづかい ①

名前

月　日

① 地上 ⌣

② 地面 ⌣

③ 知事 ⌣

④ 鼻血 ⌣

⑤ 血豆 ⌣

⑥ 政治 ⌣

⑦ 治水 ⌣

⑧ 人質 ⌣

⑨ 軽重 ⌣

⑩ 布地 ⌣

⑪ 中心 ⌣

⑫ 顔中 ⌣

⑬ 底力 ⌣

⑭ 重力 ⌣

⑮ 近々 ⌣

② 次の漢字の読みがなで、正しい方に○をつけましょう。

① 図表
( ) づひょう
( ) ずひょう

② 地図
( ) ちず
( ) ちづ

③ 気付く
( ) きづく
( ) きずく

④ 続く
( ) つずく
( ) つづく

⑤ 常々
( ) つねずね
( ) つねづれ

⑥ 頭上
( ) ずじょう
( ) づじょう

⑦ 世界中
( ) せかいじゅう
( ) せかいぢゅう

⑧ 三日月
( ) みかずき
( ) みかづき

⑨ 手作り
( ) てづくり
( ) てずくり

⑩ 小包み
( ) こづつみ
( ) こずつみ

11

かなづかい ②

月　日

次の文で、かなづかいがまちがっている文字の右側に線を引き、書き直しましょう。

① おとおとわ、いもおとと　せえくらべを　した。

② きょう、ぼくは、とうくの　まちえ　行った。

③ おうきい　こうりお　ちいさく　わろお。

④ おとおさんは、こおじょうえ　はたらきに　いって　いる。

⑤ おぢさんわ、とても まづしい くらしお して いました。

⑥ づこうの ぢかんに おおぎの えお かいた。

⑦ おねいさんは、ええごを ならって います。

⑧ わたしの ゆうとうりに すると まちがいわ ない。

⑨ 「こんにちわ、よおこそ おこし くださいました。」

⑩ きのお、うんどうかいで つまづいて しまった。

敬語 ①

1 敬語には、三種類の言い方があります。次の①〜③の言い方は何ですか。
　　　から選んで記号を書きましょう。

① 相手や会話の中の人をうやまい、高める気持ちを表す言い方。

〈例〉 <u>来られる</u>、<u>お読みになる</u>、<u>ご出発になる</u>、<u>いらっしゃる</u>、<u>なさる</u>

② 自分がへりくだることで、相手をうやまう気持ちを表す言い方。

〈例〉 <u>お聞きいたします</u>、<u>お伝え申し上げる</u>、
　　　<u>さしあげる</u>、<u>いただく</u>、<u>うかがう</u>、<u>お目にかかる</u>

③ 会話のときなど、話し手がていねいな気持ちを表す言い方。

〈例〉 <u>〜です</u>、<u>〜ます</u>、<u>ございます</u>、<u>お米</u>、<u>ご本</u>

ア 尊敬語　　イ ていねい語　　ウ けんじょう語

①□　②□　③□

14

② ①〜⑥の文で、——の言葉は、①のア・イ・ウのどれにあたりますか。記号を書きましょう。

① 父の友人が、今日いらっしゃるそうです。

② ぼくは、昨日えい画を見に行きました。

③ 先生から年賀状をいただきました。

④ 外国の首相が日本の絵をごらんになった。

⑤ 校長先生の荷物をお持ちしました。

⑥ お客様がお帰りになった。

名前

月　日

① 次の文の敬語（けいご）の意味で、正しいものに○をつけましょう。

① 先生が仕事を<u>なさった</u>。

（　）やめた。

（　）なくした。

（　）した。

② 王様が静かに<u>おっしゃった</u>。

（　）おりた。

（　）言った。

（　）おがんだ。

③ わたしがすぐに<u>まいります</u>。

（　）行きます。

（　）まってしまいます。

（　）まっています。

16

② 次の文に合うように、——の言葉を尊敬語かけんじょう語に書き直しましょう。

① 先生が、ぼくの作品を見た。

② 校長先生に、自分の考えを言った。

③ おぼうさんが、お寺に帰ってきた。

④ 友人の母親からケーキをもらった。

⑤ 先生が、勉強の仕方を教えてくれた。

⑥ お医者さんにご都合をたずねた。

⑦ 校長先生が、ご自分の考えを言った。

⑧ お客様にお茶を出した。

名前

月　　日

① ①〜④の意味になる慣用句を、░░░から選んで（　）に記号を書きましょう。

① おしゃべりで時間を使う

（　）（　）

② きびしく責（せ）める

（　）（　）

③ 仕事に調子が出る

（　）（　）

④ 他人の感情（かんじょう）などに働きかけて、
　いっそうさかんにする

（　）（　）

ア　あぶらがのる

イ　あぶらを売る

ウ　あぶらをそそぐ

エ　あぶらをしぼる

2 ①～⑧の意味になる慣用句を、[____]から選んで（　）に記号を書きましょう。

① 頭が上がらない　（　　）（　　）

② 頭が下がる　（　　）（　　）

③ 頭が低い　（　　）（　　）

④ 頭をかかえる　（　　）（　　）

⑤ 頭をかく　（　　）（　　）

⑥ 頭をもたげる　（　　）（　　）

⑦ 頭が切れる　（　　）（　　）

⑧ 頭をひねる　（　　）（　　）

ア　よい考えがうかばずに、考えこむ

イ　相手のほうが力が上で、いばれない

ウ　感心させられる

エ　あれこれ工夫しながら考える

オ　頭の回転が速い

カ　失敗して、てれたりはずかしがる様子

キ　かくれていた物事や考えなどが表面に出てくる

ク　他人に対してていねいである

名前

月　　日

次の①〜⑱は、体の部分を使った慣用句（かんようく）です。（　）にあてはまる言葉を ⌐¬¦ から選んで書きましょう。

① （　　）から手が出るほどほしい。

② 失敗して（　　）を落とす。

③ （　　）がぼうになるほどつかれた。

④ 仕事に（　　）を貸（か）してあげる。

⑤ あまりの大金に（　　）がくらんだ。

⑥ 成績（せいせき）が良いので（　　）が高い。

⑦ おしゃべりで（　　）の軽い人だ。

⑧ おばけを見て（　　）がぬけた。

20

⑨ 感心して（　　）を打つ。

⑩ あまりのすごさに（　　）をまく。

⑪ （　　）にたこができるほど聞いた。

⑫ おれの（　　）をつぶす気か！

⑬ はてな、と（　　）をかしげる。

⑭ 最近、料理の（　　）をあげた。

⑮ 希望に（　　）をふくらませる。

⑯ むずかしすぎて（　　）が立たない。

⑰ どなられて（　　）を冷やした。

⑱ 少しの練習だけで（　　）を出した。

顔 目 耳 鼻 口 した あご のど うで 首
むね 歯 きも 足 手 ひざ こし かた

二字熟語は、組み立て方により次のように分けられます。

ア　上の漢字が下の漢字の表す意味をくわしくしている。○↓△

〈例〉大木（大きな木）、新年（新しい年）

イ　下の漢字の意味が上の漢字の意味にかかっている。○↑△

〈例〉消火（火を消す）、読書（書を読む）

ウ　対になる漢字を組み合わせている。○↓△

〈例〉高低、左右、天地

エ　似た意味を表す漢字を組み合わせている。○＝△

〈例〉岩石、道路、暗黒

オ　上の漢字が下の漢字を打ち消すようにできている。×↑○

〈例〉未定、不幸、非行

① 衣服（　）

② 終始（　）

③ 円形（　）

④ 開花（　）

⑤ 不便（　）

⑥ 提案（　）

⑦ 湖水（　）

⑧ 苦楽（　）

⑨ 永久（　）

⑩ 研究（　）

⑪ 往復（　）

⑫ 無事（　）

名前

月　日

① 次の言葉の反対の意味の 熟語(じゅくご)を書きましょう。

① 生産 ——（　　）

② 反対 ——（　　）

③ 安心 ——（　　）

④ 苦手 ——（　　）

⑤ 結果 ——（　　）

⑥ 成功 ——（　　）

⑦ 過去(かこ) ——（　　）

⑧ 解散(かいさん) ——（　　）

⑨ 人工 ——（　　）

⑩ 増加(ぞうか) ——（　　）

の中から、反対の意味を持つ漢字を二字組み合わせて、熟語をつくりましょう。

他　来　買　売　負
往　害　無　明　弱
利　加　勝　強　暗
減　自　有　苦　楽

〈　〉〈　〉〈　〉〈　〉〈　〉

〈　〉〈　〉〈　〉〈　〉〈　〉

〈　〉〈　〉〈　〉〈　〉〈　〉

① 次の漢字と意味の似た漢字を ⬚ から選んで、熟語を作りましょう。

名前

月 日

① 岩 ― ⬚

② 希 ― ⬚

③ 生 ― ⬚

④ 起 ― ⬚

⑤ 建 ― ⬚

⑥ 森 ― ⬚

⑦ 品 ― ⬚

⑧ 容（よう）― ⬚

⑨ 豊（ほう）― ⬚

易（い）望 林 富 立 築（ちく）産 石 物

②

の中の漢字から、意味の似た二字を選んで熟語を作りましょう。

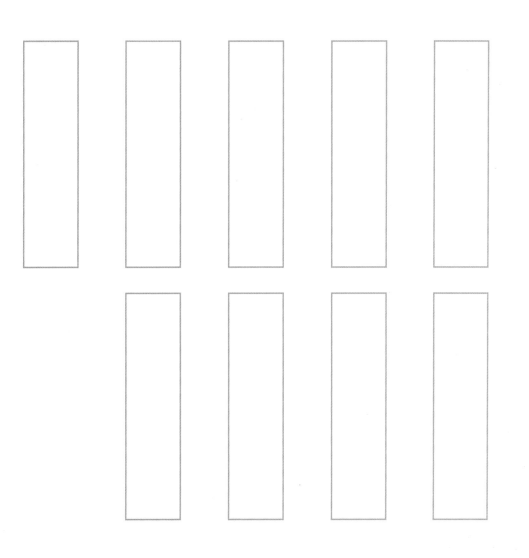

習　体　識（しき）　連　失　学
守　続　序（じょ）　護（ご）　助　身
順　知　消　児　童　救（きゅう）

27

名前

月　　日

次の言葉の対義語（たいぎご）を書きましょう。

① 始まる ――――

② 深い ――――

③ 遠い ――――

④ 借りる ――――

⑤ 勝つ ――――

⑥ 熱い ――――

⑦ からい ――――

⑧ 有る ――――

⑨ 進む ――――

⑩ 増（ふ）える ――――

② 次の □ の中に対義語になるよう、┊┄┊の中から一字選んで書きましょう。

⑨ □	⑦ □	⑤ □	③ □	① □
接せつ	利	手	日	質しつ
—	—	—	—	—
□	□	□	□	□
接	利	手	日	質

⑩ □	⑧ □	⑥ □	④ □	② □
天	読み	部	算	所
—	—	—	—	—
□	□	□	□	□
天	読み	部	算	所

長　朝　悪　上　有　直　暗　晴　短　良

不　間　筆　一　音　夕　下　全　訓　雨

① 次の熟語の類義語を ┆ ┆ から選んで □ に書きましょう。

名前

月　日

① 用心

② 静養

③ 賛成（さんせい）

④ 自然

⑤ 短所

⑥ 返事

⑦ 案外

⑧ 結果

⑨ 首府

⑩ 光景

注意　結末
首都　天然
風景　返答
意外　安静
同意　欠点

① 永久（えいきゅう）
（　）永年
（　）永遠

② 成長
（　）発育
（　）成功

③ 発達
（　）進歩
（　）達成

④ 勝負
（　）勝利
（　）勝敗

⑤ 性質（せいしつ）
（　）特性
（　）性格（せいかく）

⑥ 代金
（　）料金
（　）貯金（ちょきん）

⑦ 基本（きほん）
（　）本来
（　）根本

⑧ 名人
（　）有名
（　）名手

次の文に合う 熟語（じゅくご）を □ に書きましょう。

名前

月　日

① □（いし）の強い人。
□（いし）に薬をもらった。

② □（えんげい）植物
□（えんげい）大会

③ 天気は □（かいせい）だ。
規則（きそく）を □（かいせい）する。

④ 試合を □（さいかい）する。
久（ひさ）しぶりに □（さいかい）した。

⑤ 問題の［かいとう］を教える。　質問に［かいとう］する。

⑥ 部下に［しじ］する。　とう芸家（げいか）に［しじ］する。

⑦ 工作が［かんせい］が豊（ゆた）かだ。　［かんせい］する。

⑧ サンマの［たいりょう］だ。　［たいりょう］の水を運ぶ。

⑨ 正しいことを［しょうめい］する。　［しょうめい］を明るくする。

⑩ ［えいせい］放送　［えいせい］検査（けんさ）

名前

月　日

次の熟語（じゅくご）や文に合う漢字を □ に書きましょう。

①
校庭を □（かいほう） する。

病状（びょうじょう）が □（かいほう） に向かう。

②
親友と □（ぜっこう） する。

□（ぜっこう） の機会だ。

③
植物 □（さいしゅう）

連休の □（さいしゅう） 日

④
□（さんせい） 意見

□（さんせい） 雨（う）

⑨
紙が□（やぶ）れる。
試合に□（やぶ）れる。

⑦
□（あつ）い紙
□（あつ）い湯
□（あつ）い夏

⑤
□□（ようりょう）を得（え）ない。
□（ようりょう）の大きいコップ

⑩
子どもを□□（たいしょう）にする。
□□（たいしょう）的な意見

⑧
重さを□（はか）る。
深さを□（はか）る。

⑥
生命□□（ほけん）
□□（ほけん）室

① 熟語（熟字）の特別な読み方のことを熟字訓（じゅくじくん）と言います。次の読み方をする熟語を書きましょう。

名前

月　日

① ふたり

② へた

③ けしき

④ ふつか

⑤ まいご

⑥ やおや

⑦ はかせ

⑧ ついたち

⑨ しみず

⑩ ことし

⑪ あす

⑫ きょう

② 次の言葉の熟字訓を書きましょう。

① 昨日 （　）

② 今朝 （　）

③ 二十日 （　）

④ 河原 （　）

⑤ 果物 （　）

⑥ 上手 （　）

⑦ 眼鏡 （　）

⑧ 真っ青 （　）（　）

⑨ 一人 （　）

⑩ 手伝う （　）

⑪ 友達 （　）

⑫ 真っ赤 （　）（　）

⑬ お父さん （　）（　）

⑭ お母さん （　）（　）

⑮ お兄さん （　）（　）

⑯ お姉さん （　）（　）

① 次のことわざには、動物の名前が入ります。下から選んで □ に記号で書きましょう。

① とらぬ □ の皮算用（かわざんよう）

② □ も木から落ちる

③ 立つ □ あとをにごさず

④ 能（のう）ある □ はつめをかくす

⑤ □ の耳に念仏（ねんぶつ）

⑥ やぶをつついて □ を出す

ア へび

イ たか

ウ 馬

エ 鳥

オ たぬき

カ さる

②

①〜⑧のことわざと、下の意味が合うように、線で結びましょう。

① 情けは人のためならず ●
● 人はそのかん境（きょう）によって、良くも悪くもなるということ。

② えんの下の力もち ●
● 何度失敗してもあきらめず、最後までやりとおすこと。

③ しゅに交われば赤くなる ●
● 他人に親切にしていると、めぐりめぐって自分に返ってくること。

④ 七転び八起き ●
● 苦しいことでもがまん強く努力すれば、いいことがあるということ。

⑤ 急（せ）いては事（こと）をし損（そん）ずる ●
● 他人には目立たないところで、人のために働くこと。

⑥ 三人寄（よ）れば文（もん）じゅの知（ち）え ●
● 失敗することは、次に成功するために、むだにはならないということ。

⑦ 石の上にも三年 ●
● あまり急いであわててやると失敗するということ。

⑧ 失敗は成功のもと ●
● みんなでよく考えると、いい考えが生まれるということ。

① 漢字は中国から伝わったものですが、国字(こくじ)(和字(わじ))といって、伝えられた後に日本で意味を合わせて作られた漢字もあります。

次の国字の意味を考えて、合う読みを選んで書きましょう。

名前

月　　日

① 峠 （　　）

② 凩 （　　）

③ 躾 （　　）

④ 雫 （　　）

⑤ 畑 （　　）

⑥ 颪 （　　）

⑦ 凪 （　　）

⑧ 鰯 （　　）

こがらし　なぎ　おろし　はたけ
いわし　しつけ　しずく　とうげ

へんや部首に
注目すると見えてくるよ

② 漢字の成り立ちには次の四つがあります。上と下を線で結び、それに合う漢字を ┆┄┄┆ から二つず
つ選んで書きましょう。

① 形声 ・
　　けいせい
・ 物の形をそのままかたどった文字。

② 象形 ・
　　しょうけい
・ 絵で表すことのできないことがらを、点や線など で表した文字。

③ 指事 ・
　　しじ
・ 二つ以上の漢字を組み合わせて、新しい意味を 表すようにした文字。

④ 会意 ・
　　かいい
・ 意味を表す部分と、音を表す部分とを組み合わ せて作った文字。

鳥　本　男　校　火　下　岩　花

41

名前

小学生用国語辞典を引くとき、次の二つの言葉のうち、先に出てくる方に〇をつけましょう。

月　日

①
（　）あぶら
（　）あひる

②
（　）じゅう
（　）じゆう

③
（　）ボール
（　）ポール

④
（　）でんとう
（　）てんとうむし

⑤
（　）セーター
（　）せいねん

⑥
（　）コーヒー
（　）こおり

② 次の文に最も適切な意味を選んで、その番号を書きましょう。

(1)

あかるい【明るい】

① 光りがさして物がよく見える。
② 色があざやか。
③ はればれとしている。
④ そのことにくわしい。
⑤ 性格などにうら表がない。

父は、アメリカの地理にとても明るい。

かれは、明るい顔で友達と話をしていた。

(2)

とおる【通る】

① はしからはしまでとどく。
② つらぬいて向こうに行く。
③ 通行する。
④ みとめられる。
⑤ 知れわたる。
⑥ 室内に入る。
⑦ わかる。
⑧ 議案が可決される。
⑨ 合格する。

あの人は、よく意味の通った文章を書く。

あの少年は芸能界では、名の通った子どもだ。

ぼくの家の前の道は、よく大きな車が通る。

わたしは、はりに糸を通すのが上手です。

話し合いで、わたしたちの要求が通った。

漢字辞典

漢字辞典には、三種類の引き方があります。次の場合に合う引き方を選んで記号を書きましょう。

① 漢字の読み方がわかっているとき（　）

② 漢字の部首がわかっているとき（　）

③ 「経」が「ケイ」という読み方をすることがわかっているとき（　）

④ 「経」の部首が、「いとへん」ということがわかっているとき（　）

⑤ 「経」の読み方も部首もわからないとき（　）

ア　部首引き　　イ　音訓引き　　ウ　総画引き
（そうかく）

---

② 次の漢字の部首を □ に、部首名を （ ） に書きましょう。

① 億　部首 □　部首名 （　）

② 枝えだ　部首 □　部首名 （　）

③ 副　部首 □　　　　（　）

④ 墓はか　部首 □　　　　（　）

⑤ 然　部首 □　　　　（　）

⑥ 設せつ　部首 □　　　　（　）

③ 次の漢字の音読みを片仮名かたかなで書き、総画数を漢数字で書きましょう。

① 易　音読み （　）（　）　総画数 （　）画

② 升　音読み （　）　総画数 （　）画

③ 率　音読み （　）（　）　総画数 （　）画

④ 興　音読み （　）（　）　総画数 （　）画

漢語と和語

月　　日

① 漢語と和語の意味を選んで記号で書きましょう。

漢語（　・　）

和語（　・　）

ア　漢字で書いてあっても「訓」で読む言葉。

イ　漢字を「音」で読む言葉。

ウ　古くに中国から日本に入った言葉。

エ　もともと日本にあった言葉。

② 　　　の言葉を漢語と和語に分け、記号で書きましょう。

漢語

和語

ア　朝顔　　イ　雨天　　ウ　空耳　　エ　約束

オ　夜中　　カ　植物　　キ　板前　　ク　横転

ケ　北風　　コ　屋上　　サ　空気　　シ　川岸

③ 次の文の――の漢語を和語に言いかえ、平仮名で書きましょう。

〈例〉 旅行に出て、旅館で飲食した。
（たび）（やどや）（のんでたべた）

① 転居した部屋を整理して、友達を招待した。
（　　）（　　）（　　）

② あの道路を横断するときにはじゅうぶん注意しなさい。
（　　）（　　）（　　）

④ 次の文の――の和語を漢語に言いかえ、漢字で書きましょう。

① 話し合いで決まったことを正しく知らせる。
（　　した）（　に　する）

② 荷物を定められた時間に配られることを望む人が増えた。
（　された　）（　される　）（　する　）（　した　）

名前

さ　し　す　せ　そ　た　ち　つ　て　と

ま　み　む　め　も　や　ゆ　よ

が　ぎ　ぐ　げ　ご　ざ　じ　ず　ぜ　ぞ

ぱ　ぴ　ぷ　ぺ　ぽ　きゃ　きゅ　きょ

にゃ　にゅ　にょ　　ひゃ　ひゅ　ひょ

ぎゃ　ぎゅ　ぎょ　　じゃ　じゅ　じょ

月

日

ぴゃ　ぴゅ　ぴょ

 その調子！

次の平仮名を、訓令式のローマ字で書きましょう。

あ　い　う　え　お　　か　き　く　け　こ

な　に　ぬ　ね　の　　は　ひ　ふ　へ　ほ

ら　り　る　れ　ろ　　わ　を　ん

だ　ぢ　づ　で　ど　　ば　び　ぶ　べ　ぼ

しゃ　しゅ　しょ　　ちゃ　ちゅ　ちょ

みゃ　みゅ　みょ　　りゃ　りゅ　りょ

ぢゃ　ぢゅ　ぢょ　　びゃ　びゅ　びょ

③ 次のヘボン式のローマ字を読んで平仮名で書きましょう。

① (　　　　　)
ao

② (　　　　　)
koi

③ (　　　　　)
sakana

④ (　　　　　)
shashin

⑤ (　　　　　)
washi

⑥ (　　　　　)
chawan

⑦ (　　　　　)
tsukue

⑧ (　　　　　)
yama

⑨ (　　　　　)
hyaku

⑩ (　　　　　)
nyûin

⑪ (　　　　　)
yuki

へ…のばす記号

名前

月

日

① 次の平仮名を、ヘボン式のローマ字で書きましょう。

し　ち　っ　ふ　　　じ　ぢ

しゃ　しゅ　しょ　　　ちゃ　ちゅ　ちょ

じゃ　じゅ　じょ

② 次の言葉をヘボン式のローマ字で書きましょう。

① 九州

② 新聞

③ 羊

④ 時間

② 次の文をローマ字で書きましょう。訓令式・ヘボン
式は問いません。また、文の最初の文字は大文字で書
きましょう。

① 朝ごはん を 食べた。

② 公園 で 遊んだ。

③ お父さん と 駅 へ 行った。

④ 赤い 花 が さいた。

⑤ わたし は 元気 です。

文をつなぐ「は」「を」「へ」は、音にならって
「wa」「o」「e」と書きます。

ローマ字 ③

名前

月

日

① 次のローマ字を読んで平仮名で書きましょう。

① (　　　)
gakkô

② (　　　)
ryokan

③ (　　　)
tetsu

④ (　　　)
fune

⑤ (　　　)
syashin

⑥ (　　　)
chûsha

⑦ (　　　)
zyagaimo

⑧ (　　　)
konnyaku

⑨ (　　　)
chokin

⑩ (　　　)
jûdô

⑪ (　　　　　　　)
Mochitsuki o sita.

名詞

名前

月　日

ものごとの名前を表す言葉を「名詞（めいし）」と言います。

〈例〉　魚・希望・喜（よろこ）び・五ひき

① 次の文の――のうち、名詞にあたる言葉はどれですか。すべて記号で書きましょう。

① 夜に入り、雪がしんしんとふっています。
　　ア｜　　イ　　｜ウ　　　　エ

②　人類は永遠（えいえん）に生きていけるのだろうか。
　　ア｜イ｜ウ

③　父はいつも願いをかなえてくれる。
　　ア｜イ｜ウ　　　　　エ

④　この絵の美しさは、わたしにはわかりにくい。
　　ア｜イ｜ウ

（　　）（　　）（　　）（　　）

② 次の文にある名詞を書きましょう。

① ゆるやかな坂道を急いで下りた。

② 大きな公園に美しい花がさいた。

③ 真っ赤なりんごを一つだけ食べた。

④ 昨日、とんでもない出来事が起こった。

⑤ むねをわくわくさせながら会場に入った。

③ 次の例のように、言葉の形を変えて名詞にしましょう。

〈例〉 大きい → （大きさ ）

① かざる → 〔　　〕 ② 悲しい → 〔　　〕

③ 動く → 〔　　〕 ④ おおう → 〔　　〕

⑤ やさしい → 〔　　〕 ⑥ 作る → 〔　　〕

動詞 ①

名前

月　日

ものごとの動作や作用、いる・あるを表す言葉を「動詞」と言います。

〈例〉 歩く・ふくらむ・ある

① 次の文中の（　）に、「乗る」という動詞を文が続く形にして書きましょう。

① 知らない人の車には（乗　　　）ないようにしましょう。

② バスには順序よく（乗　　　）ましょう。

③ いつも同じ電車に（乗　　　）ことにしている。

④ ちこくしないようにはやく（乗　　　）！

⑤ 待ち合わせて、同じ列車に（乗　　　）う。

② 次の文にある動詞を書きましょう。

① 庭に赤い大きな花がたくさんさいた。　�　�

② 美しい草原をすばやく走る馬。　�　�

③ 学校の屋上から海が見える。　�　〜

④ 明日の算数の時間にテストがある。　〜

③ 〈　〉の中の動詞を、文が続く形にして書きましょう。

① 〈行く〉　早く学校に〈　　　〉なければならない。

② 〈帰る〉　雨がふってきたので、すぐに〈　　　〉うと思った。

③ 〈来る〉　一番に〈　　　〉ば、きっといいことがあるだろう。

④ 〈読む〉　本は明るいところで〈　　　〉ましょう。

① 動詞(どうし)の形が変化することを活用といいます。活用表の（　）に平仮名(ひらがな)を書きましょう。

名前

月　日

もとの形	泳ぐ	落ちる	出る	来る	する
「○○ない」に連なる	泳（　）ない	落（　）ない	（　）ない	（　）ない	（　）ない
「○○ます」に連なる	泳（　）ます	落（　）ます	（　）ます	（　）ます	（　）ます
言い切り	泳（　）	落（　）	（　）	（　）	（　）
「○○とき」に連なる	泳（　）とき	落（　）とき	（　）とき	（　）とき	（　）とき
「○○ば」に連なる	泳（　）ば	落（　）ば	（　）ば	（　）ば	（　）ば
命令で言い切り	泳（　）	落（　）	（　）	（　）	（　）

② 次の文の動詞を、右の活用表の「言い切り」の形に直しましょう。

① 体が大きくなって、去年の服が着られない。

② 友達には、ぼくが話しましょう。

③ このバスは、時こく表通りに着いたことがない。

④ のどがかわいていたので、お茶を飲んだ。

⑤ もし明日晴れれば、キャンプに行く。

⑥ イチローの打った球は、とても速い。

⑦ 「起きろ！」と毎朝起こされている。

⑧ 宿題もせずに学校に来てしまった。

君ならできる！

形容詞・形容動詞

ものごとの性質や様子を表す言葉で、言い切りの形が「〜い」で終わるものを、「形容詞」と言います。「〜だ」で終わるものを「形容動詞」と言います。

〈例〉 美しい・高い（形容詞）　　静かだ・きれいだ（形容動詞）

① 次の文にある形容詞・形容動詞を書きましょう。

① 白いかべの家が続く町はのどかだ。

　　（　　）　（　　）　（　　）

② 深い川の水は、とても冷たい。

　　（　　）　（　　）　（　　）

③ 河原（かわら）には、丸い石や四角い石がある。

　　（　　）　（　　）　（　　）

④ ぼくは魚が好きだが、弟はきらいだ。

　　（　　）　（　　）　（　　）

② 次の文中の「赤い」という形容詞を、文に合う形にして書きましょう。

① 海で見た夕日は、とても（　　　）た。

② 妹の服は、思っていたほど（　　　）なかった。

③ この花は（　　　）ば赤いほど美しく見える。

④ 太陽を（　　　）ぬってしまう子どもが多い。

⑤ 秋には（　　　）実をたくさんつける木がある。

③ 次の文の形容詞・形容動詞を言い切りの形にして書きましょう。

① はげしかった雨も止んで、静かです。（　　　）　（　　　）

② さわやかな朝の旅立ちは、うれしかった。（　　　）　（　　　）

③ 青く晴れた空は、きれいだった。（　　　）　（　　　）

61

名前

月　日

① 例のように、次の文の主語と述語をそれぞれ書きましょう。

〈例〉 池の周りに桜（さくら）が美しくさいた。

　　　　　　　　　　主　語　　　　　　　述　語

　　　　　　　　　　（桜が）　　　　　　（さいた）

① 真っ赤（ま・か）な夕日が、水平線にしずんだ。

　　　　　　　　　　（　　　）　　　　　（　　　）

② 山の向こうの巣に、鳥たちは帰る。

　　　　　　　　　　（　　　）　　　　　（　　　）

③ 血管は、体の表面近くにもある。

　　　　　　　　　　（　　　）　　　　　（　　　）

④ シマウマの群れは、草原をゆっくりと横切る。

　　　　　　　　　　（　　　）　　　　　（　　　）

⑤ 父は、ある日ぐう然（ぜん）、先生に会った。

　　　　　　　　　　（　　　）　　　　　（　　　）

② 次の文の主語には───、述語には〜〜を引きましょう。

① 本屋のとなりには、とても大きな八百屋（やおや）がある。

② そのとき弟は、そんけいのまなざしで父を見た。

③ うれしそうな、得意（とくい）そうな顔をしているかれが、わたしをよんだ。

④ 畑で、大きなスイカが、思ったよりたくさんとれた。

③ 次の文の主語と述語をさがして書きましょう。ただし、主語や述語をふくまない文もあります。無いときは×をつけましょう。

	主　語	述　語
① ぼくは、口では表せない、この美しさを。	⌒⌣⌣	⌣⌣
② もう、速く走ることは、できない。	⌒⌣⌣	⌣⌣
③ とてもおいしいね、このラーメンは。	⌒⌣⌣	⌣⌣
④ 先生は、今日はどちらへ行かれますか。	⌒⌣⌣	⌣⌣

名前

月　　日

文の組み立て方には、次のようなやり方があります。

ア　二つの文をならべて、一つの文にしたもの。

《例》

$\underset{主}{父}$は$\underset{述}{新聞を読んでいて}$、$\underset{主}{母}$は$\underset{述}{テレビを見ている}$。

$\underset{主}{雨}$が$\underset{述}{ふり}$、$\underset{主}{風}$が$\underset{述}{ふく}$。

イ　二つの文のうち、一方の文が他方の文をしたがえたもの。

《例》

わたしは、先生が話すのを聞いた。
└─ 主文 ─┘
　　└ したがった文 ┘

山が燃えたといううわさは、村中に広まった。
└── 主文 ──┘
　　└ したがった文 ┘

64

次の文は、右に示したア・イのうちどちらですか。記号を書きましょう。

① お父さんが車の運転をして、ぼくは後ろの席に乗った。

② くまは、旅人がたおれるのをじっと待った。

③ 雨がふり、かみなりまで鳴り始めた。

④ わたしがお母さん役で、あなたがお父さん役よ。

⑤ ぼくが育てたハムスターは、クラスの人気ものになった。

⑥ 母は、わたしが元気になってとても喜んだ。

⑦ いつきさんは山へ行き、たつきさんは海へ行った。

⑧ ぼくのあこがれていた選手が、大活やくした。

文の組み立て ③

月　日

① 次の文中の述語（〜〜〜）に対する主語を書きましょう。

① もう夏は過ぎたのに、まだまだ暑さは変わらない。　（　）

② 男達は勇んで山へ出かけたし、女達は畑の世話をするのだった。　（　）

③ 昨日、児童会が開かれ、重要な決定がなされた。　（　）

④ りこさんは、妹が待っている公園へ出かけた。　（　）

66

② 次の文の組み立てを考え、 [　] に言葉を書きましょう。

① アンは、川の水をくみに行った。

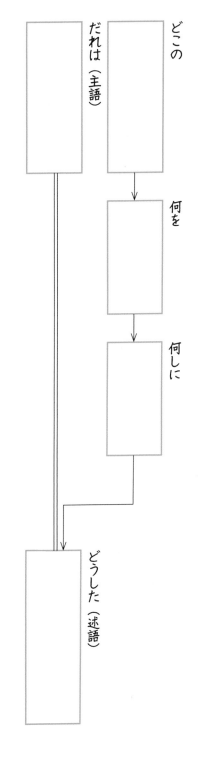

だれは（主語）

どこの

何を

何しに

どうした（述語）

② 大工の山田さんが、となりの空き地に大きな家を建てた。

どんな

何の

何の

だれが（主語）

どこに

何を

どうした（述語）

わかるところから
うめていこう

名前

月　　日

① 次の文の □ で囲んだ部分を修飾（しゅうしょく）している言葉を、例のように書きましょう。かこ

《例》 わたしは、大きな声でもっと 歌いたい 。

（ 大きな声で ）（ もっと ）

① 太陽が、赤く美しく かがやく 。

（　　　）（　　　）

② 公園に大きな美しい 花が さいている。

（　　　）（　　　）

③ 坂本さんは、つらそうな青い 顔を している。

（　　　）（　　　）

④ みんなは、いっせいに笑顔で 入ってきた 。

（　　　）（　　　）

⑤ ぼくは、長い間友達を 待った 。

（　　　）（　　　）

② 同じ言葉でも、名詞を修飾する場合と動詞を修飾する場合で形が変わります。
次の二つの文が同じ意味になるような言葉を書きましょう。

① あの先生は、いつも 落ち着いて 話す。

あの先生は、いつも（　　　）話し方をする。

② この問題には きびしく 対応することが必要だ。

この問題には（　　　）対応が必要だ。

③ まりさんは、さわやかな 生き方をしている。

まりさんは、（　　　）生きている。

④ この部屋は、とても 暑い 感じがした。

この部屋は、とても（　　　）感じた。

指示語

名前

月　　日

① 次の文の──の言葉を、□□の指示語（しじご）から選んで書きかえましょう。

① 今日、漢字テストがある。　ぼくは漢字テストがあることは聞いていなかった。（　　　）

② 今日も校庭で野球をしている。　校庭はとても広くて安全だ。（　　　）

③ 遠くに松の木が見えるね。　松の木まで競争だ。（　　　）

④ 母にプレゼントをもらった。　プレゼントはわたしのほしかったものだ。（　　　）

┌─────────────┐
│ ここ　そんな　これ　あそこ │
└─────────────┘

② 次の文の――の指示語は、何を指していますか。その部分に～～を引きましょう。

① 友達のたん生会で、小さなぬいぐるみをプレゼントしました。それは、わたしが一人で作ったものです。

② 公園のとなりにきれいな店があります。そこは、めずらしい文ぼう具（ぐ）を売っています。

③ 今日の算数のテストはむずかしかったが、その二番だけはよくわかった。

④ リレー大会で、転んで泣いてしまった。いつものことながら、そんな自分がいやになる。

⑤ 「食器を下げてよろしいですか。」「そうしてください。」

指示語はそれが指すところと入れかえることができます。

名前

月　日

文と文をつなぐ言葉を「接続語」と言います。

〈例〉おなかがすいているのに、食べなかった。

魚、あるいは肉を買ってきてください。

① 次の文の（　）に合う言葉を｜　｜から選んで書きましょう。

① すごくがんばった（　　）、負けてしまった。

② 休日は本を読んだり、ゲームをし（　　）する。

③ 気持ちを集中すれ（　　）、十分に勝てる。

④ テレビを見（　　）、宿題をした。

⑤ いくら待ったとし（　　）、あの人は来ないだろう。

```
たり
ても
ば
ながら
のに
```

② 次の文の（　）に合う接続語を ⌐ ¬ から選んで書きましょう。

① 朝から雨がふった（　　　）、午後からはきれいに晴れた。

> ので　けれど　し　から

② 夜空は晴れている（　　　）星が出ている。

> ので　けれど　のに

③ やまとさんは、体も大きい（　　　）力も強い。

> のに　けれど　し

④ バス停まで走った（　　　）、バスは出発していた。

> そこで　ところで　そして　しかし

⑤ しょう来はメジャーでプレーしたい。（　　　）、少年野球を続けている。

> すると　ところが　だから　あるいは

⑥ わたしはサッカーが得意だ。（　　　）、たっ球も強い。

> また　ところで　すると　ただし

73

名前

月　日

文を書くときに使うふ号の意味と名前にあてはまるものを、[____]から選んで記号を書きましょう。

① 一つの文を完全に言い切ったところ　（　）

② 名詞をいくつかならべるとき　（　）

③ 同じ漢字がくり返されるとき　（　）

④ 会話、または語句を引用するとき　（　）

⑤ 会話の中に、さらに語句を引用するとき　（　）

⑥ 語句または文の次に、特に注意することを書き加えるとき　（　）

⑦ 言葉を省略するとき　（　）

⑧ 一つの文の中で、語句の切れ目のところ （　）（　）

⑨ かぎ （　）（　）

⑩ 句点（くてん） （　）（　）

⑪ 読点（とうてん） （　）（　）

⑫ なか点 （　）（　）

⑬ かっこ （　）（　）

⑭ ダッシュ （　）（　）

⑮ 二重かぎ （　）（　）

⑯ かさね字 （　）（　）

```
ア 。      イ 、
ウ ・      エ （　）
オ 「」    カ 『』
キ ——     ク 々
```

① 次の文の書き方で、最も正しいものに〇をつけましょう。

名前

月　日

①

（　）今日は、とても気持ちのよい天気です。

（　）今日は、とても、気持ちのよい、天気です。

（　）今日はとても、気持ちのよい天気です。

②

（　）「先生おはようございます。」「おはよう田中さん。」

（　）「先生、おはようございます。」「おはよう田中さん。」

（　）「先生、おはようございます。」「おはよう、田中さん。」

② 次の文に、句点と読点（くてん・とうてん）を一つずつつけましょう。

① 村の小学校は山のてっぺんにあった

② ぼくの質問（しつもん）に先生が答えてくださった

③ 雨がふったのででかけるのはやめた

④ 悲しいことに今でもたくさんの人が病気で死ぬ

⑤ にわにはにわとりがあそんでいる

③ 次の文にかぎ・二重かぎを一つずつつけましょう。

① 父は父さんの小さいころは、本をよく読んだよ。赤毛のアンとかね。と話していた。

② その日、先生はエルマーのぼうけんは、とてもおもしろい。と話し始めた。

名前

月　日

① 次の文の――の言葉を、敬体（ていねいな言い方）に書きかえましょう。

① こわい夢を見て、目がさめた。

（　　　　　　　　）

② リレーで一生けん命に走った。

（　　　　　　　　）

③ この写真は、とてもきれいに写っている。

（　　　　　　　　）

④ 長い話も、もうすぐ終わりそうだ。

（　　　　　　　　）

⑤ まじめに学習に取り組んでみよう。

（　　　　　　　　）

⑥ ぼくは、そんなに上手に書けない。

（　　　　　　　　）

⑦ この資料は、とても大切なものだ。

（　　　　　　　　）

② 次の文の――の言葉を、常体（じょうたい）（ふつうの言い方）に書きかえましょう。

① サッカーボールを強くけりました。

② 友達と遊園地で遊びました。

③ この問題は、なかなかむずかしそうです。

④ 家でハムスターを二ひき飼っています。

⑤ 言いたいことがうまく伝わっていません。

⑥ あの日はとても暑い日でした。

⑦ このジュースを全部飲んでいいのでしょうか。

⑧ 風船をたくさん飛ばしてみましょう。

名前

月　日

工場見学に行く会社に、資料を送っていただくお願いの手紙を書きました。

ア　わたしたちは、そちらの自動車工場におうかがいする、南小学校の五年生です。

イ　おいそがしいと思いますが、どうぞよろしくお願いします。

ウ　豊産自動車工業御中

エ　令和二年五月十一日

改まった手紙を書くときには、決まった形式があります。

① 前文　書き出しのあいさつ
相手の様子をたずねる
自分のしょうかい　お礼　など

② 本文　中心になることがら

③ 末文　結びのあいさつ

④ 後付け　日付・自分の名前・相手の名前

(1)　手紙の文を、正しい順にならべかえて、その記号を書きましょう。

オ　はじめてお手紙をさし上げます。

カ　工場見学をする前に、図書館やインターネットなどを利用して自動車について調べています。特に自動車生産の仕組みについて調べてから見学すると、とてもわかりやすくお話が聞けるのではないかと思います。その点について、よくわかる資料があれば、送っていただきたいと思います。

キ　南小学校五年一組　B班_{はん}

山田　新

(2) 次の二つの文は、ある手紙の一部分です。それぞれ右の①〜④のどれにあたるか、番号を書きましょう。

1
2
3
4
5
6
7

・では、これからもお体に気をつけて元気でお過_すごしください。　（　　）

・イルカサカナ水族館のみなさん。先日おたずねしたときは、色々なお話を聞かせてくださり、ありがとうございました。　（　　）

えらい！

俳句・短歌

① 次の文の　□　に合う数字や言葉を後ろの　┆┆┆　から選んで書きましょう。同じ数字は何回でも使えます。

① 短歌と俳句は、ともに　□　独特の短い詩です。短歌は、□・□・□・□・□　の音で表現されています。

② 短歌には、□　音、俳句は、□・□・□　の音で表現されています。

③ 短歌には、奈良時代の終わりに、□　という歌集が作られてから、今にいたるまで □ 年以上の伝統があります。

③ 俳句は、江戸時代にさかんになりました。俳句には、季節を示す □ を入れるという約束があります。

五　十七　三十一　千　七　日本　季語　万葉集

② 次の俳句の季語の右側に線を引き、（　）に季節を書きましょう。
また、□に入る漢字一字を、⌐⌐から選んで書きましょう。

① 菜の花や月は東に日は□に　　　　　　与謝蕪村（よさぶそん）（　）

② 柿（かき）くえば□が鳴るなり法隆寺（ほうりゅうじ）　正岡子規（まさおかしき）（　）

③ 古池や蛙（かわず）とびこむ□の音　松尾芭蕉（まつおばしょう）（　）

④ やれ打つな蝿（はえ）が手をする□をする　小林一茶（こばやしいっさ）（　）

⌐──────────┐
│ 水　西　足　鐘（かね） │
└──────────┘

③ 次の短歌を読んで、その季節と、様子を表す言葉を⌐⌐から選んで記号を書きましょう。

① 五月雨（さみだれ）の晴れ間にいでて眺（なが）むれば　青田すゝしく風わたるなり　良寛（りょうかん）（　）（　）

② 金色（こんじき）のちひさき鳥（い）のかたちして　銀杏（いちょう）ちるなり夕日の岡（おか）に　与謝野晶子（よさのあきこ）（　）（　）

┌- - - - - - - - - -┐
│ ア 秋　イ 初夏　ウ 美しさ　エ すがすがしさ │
└- - - - - - - - - -┘

見慣（みな）れない言葉だけど、めげずにがんばってね

名前

月　日

① 次の詩を読んで後の問いに答えましょう。

ふるさと

高野辰之（たかのたつゆき）

うさぎ追ひ（い）し かの山、
こぶな釣りし かの川、
夢（ゆめ）は 今も めぐりて、
忘（わす）れがたき ふるさと。

いかにいます 父母（ちちはは）、
つつがなしや 友がき、
雨に風に つけても、
思ひ（い）いづる（ず） ふるさと。

② 上の言葉と同じ意味の下の言葉を線で結びましょう。

かの　　　　・　　　　・どのように

いかに　　　・　　　　・あの

います　　　・　　　　・無事だろう

つつがなしや・　　　　・いらっしゃる

つけても　　・　　　　・関しても

84

こゝろざしを はたして、
いつの日にか 帰らん、
山はあをき ふるさと、
水は清き ふるさと。

① 次の文の □ にあてはまる数字や言葉を、□ から選んで記号を書きましょう。

この詩は一連が □ 行ずつの □ 連から

なり、□ で表現されています。

□ を思う詩です。□ 土地

ア 文語　イ 口語　ウ 三　エ 四　オ 五
カ 美しい故郷　キ 遠くはなれた

③ この詩の中の、作者の心はどんな様子ですか。
最も合うものに○をつけましょう。

（　）変わりはてたいなかに帰って、昔のふる
さとを思い出している。

（　）いなかに帰る日を心待ちに、ふるさとを
思い出している。

（　）父母や友達に会ったので、ふるさとを思
い出している。

④ 次のア～ウは、第何連のことをいったもので
すか。（　）に連の番号（1・2・3）を入
れましょう。

（　）ふるさとにくらす両親や友達のことを気
づかっている。

（　）一人前になって、美しいふるさとにいつ
か帰ろうと思っている。

（　）子どものときに遊んだ山や川のことを思
い出している。

85

名前

月　日

次の文章を読んで後の問いに答えましょう。

雪がすっかりこおって大理石よりもかたくなり、空も冷たいなめらかな青い石の板でできているらしいのです。

お日様が、真っ白に燃えてゆりのにおいをまき散らし、また雪をぎらぎら照らしました。

「かた雪かんこ、しみ雪しんこ。」

木なんか、みんなザラメをかけたようにしもでぴかぴかしています。

「かた雪かんこ、しみ雪しんこ。」

四郎とかん子とは、小さな雪ぐつをはいてキックキックキック、野原に出ました。

① 雪と空をどのように例えていますか。

雪〳〵

空〳〵

② 「かた雪かんこ、しみ雪しんこ。」と言っているのはだれですか。

〳〵

③ ザラメとは何ですか。正しいものを選んで○をつけましょう。

（　）イカのほしたもの

（　）つぶの大きいさとう

（　）白いもめんの布

こんなおもしろい日が、またとあるでしょうか。いつもは歩けないきびの畑の中でも、すすきでいっぱいだった野原の上でも、好きな方へどこまででも行けるのです。平らなことは、まるで一枚の板です。そしてそれが、たくさんの小さな鏡のようにキラキラキラキラ光るのです。

「かた雪かんこ、しみ雪しんこ。」

二人は、森の近くまで来ました。大きなしわの木は、枝もうずまるくらい立派なすきとおったつららを下げて、重そうに体を曲げておりました。

「かた雪かんこ、しみ雪しんこ。きつねの子ぁ、よめぃほしい、ほしい。」

と、二人は森へ向いて高くさけびました。

宮沢 賢治 『ひろがる言葉 小学国語 五下』 教育出版

④ こんなおもしろい日に何ができるのですか。

（　　）

⑤ 雪の積もってるきびの畑や野原が平らなことを何に例えていますか。

（　　）

⑥ 畑や野原がキラキラ光っている様子を何に例えていますか。

（　　）

どんな光景かな
想像してみよう

名前

月　　日

次の文章を読んで後の問いに答えましょう。

　まくの横に、

「寄贈、おもちたくさん、人の四郎氏、人の

かん子氏」と、大きな札が出ました。きつね

の生徒は、喜んで、手をパチパチたたきま

した。

　その時、ピーと笛が鳴りました。

　紺三郎が、エヘンエヘンとせきばらいをし

ながらまくの横から出てきて、ていねいにお

じぎをしました。みんなはしんとなりまし

た。

「今夜は美しい天気です。お月様は、まるで

① 今から何が始まるのですか。

　（　　　　　　　　　　）

② 四郎とかん子のことを文中では別の言葉で何
と表しているでしょう。

　（　　　　　　　　　　）

③ お月様とお星様を何に例えていますか。

　お月様（　　　　　　）

　お星様（　　　　　　）

88

真珠のお皿です。お星様は、野原のつゆがキラキラ固まったようです。さて、ただ今から幻灯会をやります。みなさんは、またたきやくしゃみをしないで、目をまんまろに開いて見ていてください。それから、今夜は大切な二人のお客様がありますから、どなたも静かにしないといけません。決して、そっちの方へくりの皮を投げたりしてはなりません。開会の辞です。」

みんな喜んで、パチパチ手をたたきました。そして四郎が、かん子にそっと言いました。

「紺三郎さんはうまいんだね。」

宮沢 賢治『ひろがる言葉 小学国語 五下』教育出版

④ みなさんが指す言葉を選んで〇をつけましょう。

（　）四郎とかんこ
（　）きつねの生徒
（　）お月様とお星様

⑤ そっちが指す言葉を選んで〇をつけましょう。

（　）四郎とかんこのいる方
（　）野原の方
（　）きつねの生徒の方

⑥ 紺三郎は何がうまいのですか。文中の言葉で答えましょう。

（　　　　　　　　）

89

名前

月　日

次の文章を読んで後の問いに答えましょう。

紺三郎が、二人の前に来て、ていねいにお

じぎをして言いました。

「それでは。さようなら。今夜のごおんは決

してわすれません。」

二人も、おじぎをして、うちの方へ帰りま

した。きつねの生徒たちが、追いかけてき

て、二人のふところやかくしに、どんぐりだ

のくりだの青光りの石だのを入れて、

① 紺三郎は二人の前に来て、ていねいに何をし
ましたか。

（　　　　　）

② 人から受けた親切のことを、文中の言葉で言
いかえましょう。

（　　　　　）

③ きつねの生徒があげたものは何ですか。三つ
書きましょう。

（　　　）（　　　）

（　　　）

90

「そら、あげますよ。」

「そら、取ってください。」

なんて言って、風のようににげ帰っていきます。

紺三郎は笑って見ていました。

二人は、森を出て、野原を行きました。

その青白い雪の野原のまん中で、三人の黒いかげが、向こうから来るのを見ました。そ
れは、むかえに来た兄さんたちでした。

宮沢 賢治『ひろがる言葉 小学国語 五下』教育出版

③ ( ) をどこに入れましたか。

④ ( )

⑤ 三人の黒いかげとは何ですか。

( )

⑥ 黒いかげという 表現（ひょうげん）からわかることに、○をつけましょう。

( ) 太陽が出ている。

( ) 顔かたちがよく見えない。

( ) 黒い服を着ている。

名前

月　　　日

次の文章を読んで後の問いに答えましょう。

ところで、ガヤガヤの町のやかましい人々の中でも、とりわけやかましいのは王子様でした。王子様は、名前をギャオギャオといいました。そして、まだ六つにもなっていないのに、たいていの大人よりずっとやかましい音を立てることができました。王子様は、大声でわめき散らしながら、おなべとやかんをぶつけ合わせ、おまけにヒューッと口笛を鳴らすことができました。

王子様の大好きな遊びは、ドラムかんとブリキのバケツを高く積み上げて山にし、それ

① ほとんど、大部分と同じ意味の言葉を文中から選びましょう。

（　　　　　　）

② ガヤガヤの町でとくにやかましいのはだれですか。

（　　　　　　）

③ ②の人の名前と年れいを書きましょう。

名　前（　　　　　　）

年れい（　　　　　　）

92

から、大きな音を立てて、ガラガラガッシャンガッシャンガッシャンと、その山をくずすことでした。王子様は、はしごを使って、山をどんどん、どんどん高くしていき、音をどんどん、どんどんやかましくしていきました。□、どんなに音をやかましくしても、これで十分という気持ちになれませんでした。「もっとやかましい音が聞きたい。もっともっとやかましい音が聞きたい。世界でいちばんやかましい音が聞きたい。」と、王子様は思いました。

ペンジャミン・エルキン作／松岡 享子 訳 『新しい国語 五』東京書籍

④ 王子様が出せる三つのやかましい音に線を引きましょう。

⑤ 王子様の大好きな遊びに使うものは何ですか。三つ書きましょう。

（　　　）（　　　）（　　　）

⑥ 文中の□に入る言葉を選んで○をつけましょう。

（　　）けれども
（　　）しかも
（　　）だから

物語文 世界でいちばんやかましい音②

名前

月　日

次の文章を読んで後の問いに答えましょう。

「うん、少しはいいと思うけど。」

と、王子様は言いました。

「でも、それだって、世界でいちばんやかましい音というわけにはいかないと思うんだ。」

王様は、たいへんやさしいかたでした。でも、だんだん（　1　）し始めました。

「いったい、どうすりゃ気がすむんだ？　おまえに何かいい考えでもあるのか？」

「うん、ぼく、ずうっと前から考えてたんだ。世界中の人が、一人残らず、同時にどなったら、どんな音になるだろうって。何百

① （　1　）に入る言葉を選んで○をつけましょう。

（　）にこにこ

（　）いらいら

（　）わくわく

② 王子様がずっと前から考えていたことは何ですか。

③ それが指すところをぬき書きしましょう。

94

万、何千万、何億もの人が、みんないっしょに『ワァー。』ってさけんだら、きっと、それが、世界でいちばんやかましい音だと思うんだ。」

「ふうむ。」と、王様は考えこみました。

考えれば考えるほど、これはおもしろいという気がしてきました。

「こいつは、いける。」と、王様は思いました。「それに、（ 2 ）、これを実現させたら、わしは、全世界の人間に同時に同じことをさせた世界最初の王として、歴史に名前が残るわけじゃ。」

「よし、やってみよう！」

と、王様は言いました。

ベンジャミン・エルキン作／松岡 享子 訳 『新しい国語 五』 東京書籍

④ こいつが指すことを選んで○をつけましょう。

（　） 世界でいちばんやかましい音を出すこと。

（　） 世界中の人

（　） 王子様

⑤ （ 2 ）に入る言葉を選んで○をつけましょう。

（　） もし

（　） ただ

（　） でも

⑥ 王様は何になることで歴史に名前が残ると思ったのですか。

（　　　　　　　　　　　　　　　）

物語文　世界でいちばんやかましい音③

名前

月　日

次の文章を読んで後の問いに答えましょう。

この町の歴史が始まって以来、初めて、ガヤガヤの町は、しいんと静まり返りました。

世界でいちばんやかましい音で、王子様の誕生日をお祝いするはずだったのに……。

人々は、王子様に悪いことをしたと思いました。申しわけなさとはずかしさで、人々は、頭をたれ、こそこそと家に帰りかけました。

ところが、急に、足を止めました。あれは、何でしょう？　宮殿のバルコニーから聞こえてくる、あの音は？

まさかと思いましたが、まちがいありませ

① 今までに、ガヤガヤの町が静まり返ったことはありますか。

（　　　　　　　　）

② 町の人々は何で王子様の誕生日のお祝いをするはずでしたか。

（　　　　　　　　）

③ あの音とはだれが何をしている音ですか。

（　　　　　　　　）

96

ん。王子様です。王子様がうれしそうに手を
たたいているのです！王子様は、しきりに
はしゃいで、とんだりはねたりしながら、庭
の方を指差していました。

生まれて初めて、王子様は、小鳥の歌を聞
いたのです。木の葉が風にそよぐ音を、小川
を流れる水の音を聞いたのです。生まれて初
めて、王子様は、人間の立てるやかましい音
ではなく、自然の音を聞いたのです。生まれ
て初めて、王子様は、静けさと落ち着きを知
ったのです。そして、王子様は、それがすっ
かり気に入りました。

ベンジャミン・エルキン作／松岡 享子 訳 『新しい国語 五』東京書籍

④ まさかと思った理由に◯をつけましょう。

（　）宮殿のバルコニーから王子様がはしゃ
ぐ音が聞こえてきたから。

（　）世界でいちばんやかましい音が聞こえ
なかったから。

（　）生まれて、初めて小鳥の歌を聞いたか
ら。

⑤ 小鳥の歌、木の葉が風にそよぐ音、小川が流
れる水の音を別の言葉で何の音と表現してい
ますか。

（　　　　）

⑥ それがとは何のことですか。

（　　　　）

ファイト！

名前

月　日

次の文章を読んで後の問いに答えましょう。

二人のわかいしんしが、すっかりイギリスの兵隊の形をして、ぴかぴかする鉄ぽうをかついで、白くまのような犬を二ひき連れて、だいぶ山おくの、木の葉のかさかさしたところを、こんなことを言いながら、歩いておりました。

―――― 中略（ちゅうりゃく） ――――

それに、あんまり山がものすごいので、その白くまのような犬が、二ひきいっしょに目まいを起こして、しばらくうなって、それからあわをはいて死んでしまいました。

「実にぼくは、二千四百円の損害（そんがい）だ。」

① 白くまのような犬は、目まいを起こしてうってからどうなりましたか。

（　　　　　　　　　　　　　　）

② 二千四百円の損害とは何を表していますか。

（　　　　　　　　　　　　　　）

③ ここでの切り上げるとはどうすることかを選んで○をつけましょう。

（　　）二千四百円をあげること。

（　　）寒いし、はらがすいてきたのでもどること。

（　　）山鳥のねだんをねぎること。

と、一人のしんしが、その犬のまぶたを、ちょっと返してみて言いました。

「ぼくは二千八百円の損害だ。」

と、も一人が、くやしそうに、頭を曲げて言いました。

初めのしんしは、少し顔色を悪くして、じっと、も一人のしんしの、顔つきを見ながら言いました。

「ぼくはもうもどろうと思う。」

「さあ、ぼくもちょうど寒くはなったし、はらはすいてきたし、もどろうと思う。」

「そいじゃ、これで切り上げよう。なあに、もどりに、昨日の宿屋で、山鳥を十円も買って帰ればいい。」

「うさぎも出ていたねえ。そうすれば結局おんなじこった。では帰ろうじゃないか。」

宮沢 賢治 『新しい国語 五』東京書籍

④ 結局おんなじこったとは、何が同じことなのですか。選んで○をつけましょう。

（　）山鳥もうさぎも十円であること。

（　）どっちの道を行っても宿屋につくということ。

（　）自分でとっても宿屋で買ってもえものを持って帰れるということ。

⑤ 二人のわかいしんしは、山おくで何をしていましたか。考えて書きましょう。

（　　　　　　　　　　）

次の文章を読んで後の問いに答えましょう。

二人はげんかんに立ちました。げんかんは白い瀬戸（せと）のれんがで組んで、実にりっぱなもんです。

そしてガラスの開き戸がたって、そこに金文字でこう書いてありました。

【どなたもどうかお入りください。決してごえんりょはありません。】

二人はそこで、ひどく喜んで言いました。

「こいつはどうだ。やっぱり世の中はうまくできてるねえ。今日一日なんぎしたけれど、今度はこんないいこともある。このうちは料理店だけれども、ただでごちそうするんだぜ。」

① げんかんは何でできていますか。

（　　　）

② 開き戸には何と書いてありましたか。

（　　　）

③ こいつが指すものを選んで○をつけましょう。

（　　）二人のうちの相手
（　　）お入りくださいと書いた人
（　　）開き戸の文字の内容（ないよう）

100

「どうもそうらしい。決してごえんりょはありませんというのはその意味だ。」

二人は戸をおして、中へ入りました。そこはすぐろう下(か)になっていました。そのガラス戸のうら側には、金文字でこうなっていました。

【ことに太ったおかたやわかいおかたは、大かんげいいたします。】

二人は大かんげいというので、もう大喜びです。

「君、ぼくらは大かんげいに当たっているのだ。」

「ぼくらは両方かねてるから。」

ずんずんろう下を進んでいきますと、今度は水色のペンキぬりの戸がありました。

「どうも変なうちだ。どうしてこんなにたくさん戸があるのだろう。」

宮沢 賢治『新しい国語 五』東京書籍

④ 苦労と同じ意味の言葉を文中からさがしましょう。

（　　　　　　　　　）

⑤ ただでごちそうすると思ったのは、どんな言葉からですか。

（　　　　　　　　　）

⑥ 両方かねてるとはどんなことですか。

（　　　　　　　　　）

⑦「どうも変なうちだ。」とありますが、どんなことが変なのですか。

（　　　　　　　　　）

次の文章を読んで後の問いに答えましょう。

「どうもおかしいぜ。」

「ぼくもおかしいと思う。」

「たくさんの注文というのは、向こうがこっちへ注文してるんだよ。」

「だからさ、西洋料理店というのは、ぼくの考えるところでは、西洋料理を、来た人に食べさせるのではなくて、来た人を西洋料理にして、食べてやるうちと、こういうことなんだ。これは、その、つ、つ、つ、つまり、ぼ、ぼ、ぼくらが……。」

がたがたがたがたふるえだして、もうものが言えませんでした。

「その、ぼ、ぼくらが、……うわあ。」

① こっちと同じ意味で使われている言葉に線を引きましょう。

② ぼくの考えるところとはどんなことですか。

（　　　　　　　　　　　　　　　）

③ 「その、ぼ、ぼくらが、……」の……にはどんな言葉が入りますか。

（　　　　　　　　　　　　　　　）ということなんだ。

がたがたがたがたふるえだして、もうものが言えませんでした。
「にげ……。」
がたがたしながら、一人のしんしは後ろの戸をおそうとしましたが、どうです、戸はもう一分も動きませんでした。
おくの方にはまだ一枚戸があって、大きなかぎあなが二つ付き、銀色のホークとナイフの形が切り出してあって、

【いや、わざわざご苦労です。たいへんけっこうにできました。さあさあ、おなかにお入りください。】

と書いてありました。おまけに、かぎあなからは、きょろきょろ二つの青い目玉がこっちをのぞいています。
「うわあ。」がたがたがたがた。
「うわあ。」がたがたがたがた。
二人は泣きだしました。

宮沢 賢治『新しい国語 五』東京書籍

④ 文中の一分と同じ使い方を選んで○をつけましょう。
（　）タイムが一分おそくなった。
（　）一分のすきもない人間だ。
（　）対戦成績は三勝二敗一分けだ。

⑤ 文中のおまけと同じ意味に使われている文を選んで○をつけましょう。
（　）百円おまけします。
（　）おまけにおもちゃがついていた。
（　）雨がふり、おまけに風も強い。

⑥ がたがたがたとは何の音ですか。選んで○をつけましょう。
（　）ドアをおす音
（　）こわくて体がふるえる音
（　）二つの青い目玉が動く音

次の文章を読んで後の問いに答えましょう。

ぼくが今よりずっと赤ちゃんに近く、おじいちゃんが今よりずっと元気だったころ、ぼくとおじいちゃんは毎日のように、お散歩を楽しんでいました。

ぼくたちのお散歩は、家の近くをのんびりと歩くだけのものでしたが、遠くの海や山をぼうけんするような楽しさにあふれていました。

草も木も、石も空も、虫もけものも、人も車も。

ときには、たまごを運ぶありや鼻の頭をけ

① ぼくとおじいちゃんが毎日のようにしていたことは何ですか。

（　　　　　　　　　　　　　　）

② ぼくたちのお散歩はどんなものですか。

（　　　　　　　　　　　　　　）

③ 家の近くのお散歩が、なぜ遠くの海や山のぼうけんのように感じたのですか。正しいものを選んで○をつけましょう。

（　　）ぼうけんのようにあぶなかったから。

（　　）ぼうけんのようにわくわくと楽しかったから。

がしたねこにさえ、古くからの友達のように
おじいちゃんは声をかけていました。

そんなおじいちゃんと手をつないでとこと
こ歩いていると、ぼくの周りは、まほうにで
もかかったみたいにどんどん広がっていくの
でした。

いとう ひろし 『新しい国語 五』 東京書籍

④ 古くからの友達のようにとはどんな気持ちが
こめられていますか。正しいものを選んで○
をつけましょう。

（　）元気でいてほしい気持ち。

（　）昔をなつかしむ気持ち。

（　）やさしく愛情深い気持ち。

⑤ まほうにでもかかったみたいにとはどんなこ
とですか。正しいものを選んで○をつけまし
ょう。

（　）まほうのようにふしぎ。

（　）まほうのようにこわい。

（　）まほうのようにありえない。

（　）ぼうけんのように遠くまで歩いたから。

名前

月　日

次の文章を読んで後の問いに答えましょう。

でも、新しい発見や楽しい出会いが増えれば増えるだけ、こまったことや、こわいことにも、出会うようになりました。

お向かいのけんちゃんは、わけもなくぼくをぶつし、おすましのくみちゃんは、ぼくに会うたびに顔をしかめます。犬はうなって歯をむき出すし、自動車は、タイヤをきしませて走っていきます。

① 何が増えれば増えるだけ、何に出会うようになりましたか。

（　　　　　）が

増えれば増えるだけ、

（　　　　　）に

出会うようになった。

② おすましとはどんな意味ですか。正しい言葉を選んで○をつけましょう。

（　　）気どっている

（　　）いじわる

飛行機は空から落ちることがあるのも知っ
たし、あちらにもこちらにも、おそろしいば
いきんがうようよしてるってことも知りまし
た。いくら勉強したって読めそうにない字が
あふれているし、何だか、このまま大きくな
れそうにないと、思えるときもありました。
だけどそのたびに、おじいちゃんが助けて
くれました。
おじいちゃんは、ぼくの手をにぎり、おま
じないのようにつぶやくのでした。
「だいじょうぶ、だいじょうぶ。」

いとう ひろし『新しい国語 五』東京書籍

（　）気が強い

③ このまま大きくなれそうにないと思った理由で正しいものを選んで○をつけましょう。
（　）こまったことやこわいことが解決できそうにないと思えたから。
（　）こわいことが起こり大人になる前に死んでしまうのではと思ったから。
（　）身長が低いまま大人なってしまうと思ったから。

④ おまじないのようにという言葉からわかる、おじいちゃんの気持ちに○をつけましょう。
（　）願いがかなってほしいという気持ち。
（　）心配しないでいいという気持ち。
（　）自分ではどうすることもできないという気持ち。

次の文章を読んで後の問いに答えましょう。

「だいじょうぶ、だいじょうぶ。」

ぼくとおじいちゃんは、何度その言葉をくり返したことでしょう。けんちゃんともくみちゃんとも、いつのまにか仲良くなりました。犬に食べられたりもしませんでした。何度も転んでけがもしたし、何度も病気になりました。でもそのたびに、すっかりよくなりました。車にひかれることもなかったし、頭に飛行機が落ちてくることもありませんでした。むずかしい本も、いつか読めるようになると思います。もっともっと、たくさ

① その言葉とは何ですか。

（　　　　　　　　　）

② そのたびにが指していることに○をつけましょう。

（　　）けがをしたり病気になったりしたこと。

（　　）だいじょうぶをくりかえしたこと。

（　　）すっかりよくなったこと。

③ これから、ぼくにできることは何ですか。二つ書きましょう。

んの人や動物や草や木に出会えると思います。

ぼくは、（ 1 ）大きくなりました。おじいちゃんは、（ 2 ）年を取りました。

だから今度はぼくの番です。

おじいちゃんの手をにぎり、何度でも何度でもくり返します。

「だいじょうぶ、だいじょうぶ。」

だいじょうぶだよ、おじいちゃん。

いとう ひろし 『新しい国語 五』東京書籍

④ （ 1 ）（ 2 ）には同じ言葉が入ります。正しい言葉を選んで〇をつけましょう。

（　）ずんずん

（　）ずいぶん

（　）ちょっと

⑤ なぜ今度はぼくの番になったのですか。理由を想像して書きましょう。

名 前

月　日

次の文章を読んで後の問いに答えましょう。

翌日の放課後、メモに「死没者数」なども

写し取ってから、ポスターをながめている

と、後ろから頭をちょんとつつかれた。

じゅくに行くとちゅうのお兄ちゃんだっ

た。

「綾、何してるの。」

わたしは、「楠木アヤ」と書いてある所を

指さした。

「びっくりだね。」

お兄ちゃんもポスターを見つめた。

「広島市から来たポスターかあ——。」

① 後ろから頭をつつかれたとき、わたしは何を
していましたか。

（　　　　　　　　　　　　　　　　　）

② 「びっくりだね。」と言ったのはだれですか。

（　　　　　　）

③ わたしの知っている広島市とは、どんなとこ
ろですか。二つ書きましょう。

（　　　　　）（　　　　　）

広島市。となりの県の県庁所在地。世界
で初めて原子爆弾が落とされたところ——わ
たしが知っているのは、それくらいだ。

お兄ちゃんは、ぱっと時計を見た。

「まずい、おくれる。綾も、さっさと帰れ。」

わたしは、お兄ちゃんに引っぱられるよう
にして駅の構内をぬけた。

その夜、夕ご飯が終わってからお母さんに
ポスターの話をした。夢の話はしなかった。

ただ、「アヤちゃんのこと、どうして何十年
もだれもさがしにこないのかな。」と不思議
に思っていたことをきいてみたのだ。

そこへ、お兄ちゃんも帰ってきた。

「綾はね、駅で、すごくしんけんにポスター
を見てたんだよ。」

朽木 祥『国語 五 銀河』光村図書

④ おくれるとは何におくれるのですか。

（　）

⑤ お母さんにポスターの話をしたのはいつです
か。

（　）

⑥ わたしが不思議に思っていたこととはどんな
ことですか。

（　）

名前

月　日

次の文章を読んで後の問いに答えましょう。

それを聞くと、おばあさんはだまりこんでしまった。

わたしはこまってお兄ちゃんを見た——おばあさんをがっかりさせてしまったにちがいないと思ったのだ。

□、そうではなかった。おばあさんは、ほうきとちりとりをわきに置くと、しゃがんで供養塔（くようとう）に手を合わせ、こう言ったのだ。

「アヤちゃん、よかったねえ。もう一人のアヤちゃんがあなたに会いに来てくれたよ。」

やがておばあさんは顔を上げると、しわだ

① □ に入る言葉を選んで○をつけましょう。

（　）しかも
（　）だが
（　）やはり

② そうとは何をさしていますか。

（　　　　　　　　　）

③ どんなことがよかったのですか。

（　　　　　　　　　）

らけの顔いっぱいに、もっとしわをきざんで
わたしに笑いかけた。目には光るものがあっ
たので、泣き笑いみたいな表情だった。
「この楠木アヤちゃんの夢やら希望やらが、
あなたの夢や希望にもなって、かなうとええ
ねえ。元気で長う生きて、幸せにおくらしな
さいよ。」
わたしははずかしくなって下を向いてしま
った。そんなことは考えたこともなかったか
らだ。

朽木 祥 『国語 五 銀河』 光村図書

④ ア——のあなたとイ——のあなたはそれぞれ
だれのことですか。文中の言葉で二つずつ答
えましょう。

ア（　）（　）

イ（　）（　）

⑤ 目には光るものとは、何のことですか。

（　）

⑥ そんなこととはどんなことですか。一つ選ん
で〇をつけましょう。

（　）なくなった楠木アヤさんのこと。

（　）楠木アヤさんの夢や希望を知ること。

（　）自分の夢や希望をかなえて元気で長生
きすること。

名前

月　　日

次の文章を読んで後の問いに答えましょう。

秋の日は短くて日がしずみかけていた。川
土手を □ 歩いて橋に向かった。
静かに流れる川、夕日を受けて赤く光る
水。

わたしはらんかんにもたれた。お兄ちゃん
もせかさなかった。昼過ぎに、この橋をわた
ったときには、きれいな川はきれいな川でし
かなかった。ポスターの名前が、ただの名前
でしかなかったように。
資料館で読んだ説明が思い出された——
この辺りは、元はにぎやかな町だった。町に
は多くの人々がくらしていた。だが、あの

① □ に入る言葉を選んで○をつけましょう。
（　）元気に
（　）急いで
（　）ゆっくり

② らんかんとは何ですか。正しい意味を選んで
○をつけましょう。
（　）川土手にある木のこと。
（　）橋のたもとのこと。
（　）橋のてすりのこと。

③ お兄ちゃんがせかさなかったのはなぜです
か。最も正しい文を選んで○をつけましょう。

朝、一発の爆弾が町も人も、この世から消してしまった。

消えてしまった町、名前でさえない人々、数でしかない人々、名前でさえない人々、数でしかない人々。

だけど、あのおばあさんが言っていたように、わたしたちがわすれないでいたら——楠木アヤちゃんが確かにこの世にいて、あの日までここで泣いたり笑ったりしていたこと、そして、ここでどんなにおそろしいことがあったかということ——をずっとわすれないでいたら、世界中のだれも、二度と同じような目にあわないですむのかもしれない。

メモに書いた「楠木アヤ」という文字を、また指でなぞった。

朽木祥『国語 五 銀河』光村図書

④（　）静かに流れる川や夕日の景色をもう少し見ていたかったから。

（　）資料館の見学でつかれたから。

（　）妹が爆弾でなくなった町や人のことを考えているだろうと感じたから。

数でしかない人々の「数」とは何ですか。選んで〇をつけましょう。

（　）爆弾でなくなった人数。

（　）消えてしまった町にくらしていた人数。

（　）ポスターにのっている名前の数。

⑤おそろしいこととはどんなことですか。文中の言葉を使って書きましょう。

物語文 大造じいさんとガン ①

名前

月　日

次の文章を読んで、後の問いに答えましょう。

ア
今年も、残雪は、ガンの群れを率いて、ぬま地にやってきました。

残雪というのは、一羽のガンにつけられた名前です。左右のつばさに一か所ずつ、真っ白な交じり毛をもっていたので、かりゅうどたちからそうよばれていました。

イ
残雪は、このぬま地に集まるガンの頭領らしい、なかなかりこうなやつで、仲間がえ（えさ）をあさっている間も、りょうじゅうのとどく所まで、決して人間を寄せつけませんでした。

ウ
を配っていて、油断なく気

① 「残雪」という名前は、どんなところからつけられましたか。

もっている、

残り雪のようだから。

が

② 大造じいさんはどんな仕事をしていますか。文中から言葉を選んで書きましょう。

でガンをうって手に入れる、

とよばれる仕事。

③ 大造じいさんは、なぜ一羽のガンも手に入れることができなくなったのですか。その理由が書いてある段落の記号に、○をつけましょう。

116

エ

オ

カ

大造じいさんは、このぬま地をかり場
にしていたが、いつごろからか、この残
雪が来るようになってから、一羽のガン
も手に入れることができなくなったの
で、いまいましく思っていました。

そこで、残雪がやって来たと知ると、大
造じいさんは、今年こそはと、かねて考
えておいた特別な方法に取りかかりまし
た。

それは、いつもガンのえをあさる辺り
一面にくいを打ちこんで、タニシを付け
たウナギつりばりを、たたみ糸で結び付
けておくことでした。じいさんは、一晩
中かかって、たくさんのウナギつりばり
をしかけておきました。今度は、なんだ
かうまくいきそうな気がしてなりません
でした。

椋鳩十『国語 五 銀河』光村図書

④ いまいましいとはどういう意味でしょう。正しいも
のに○をつけましょう。

（　）悲しい　　（　）こまっている

（　）残念　　（　）はらが立つ

⑤ 大造じいさんの考えていた、特別な方法とは、どん
なことですか。

⑥ 大造じいさんがうまくいきそうな気がしたのはなぜ
ですか。最も合うものに○をつけましょう。

（　）一晩中かかってしかけたから。

（　）特別な方法に自信があったから。

（　）今までうまくいかなかったから。

物語文 大造じいさんとガン ②

名前 ⬜ ⬜ 月　日

次の文章を読んで、後の問いに答えましょう。

今年もまた、ぼつぼつ、例のぬま地にガンの来る季節になりました。

大造じいさんは、生きたドジョウを入れたどんぶりを持って、鳥小屋の方に行きました。じいさんが小屋に入ると、一羽のガンが、羽をばたつかせながら、じいさんに飛び付いてきました。

このガンは、二年前、じいさんがつりばりの計略で生けどったものだったのです。今では、すっかりじいさんになついていました。ときどき、鳥小屋から運動のために

① 鳥小屋にいるガンは、大造じいさんがいつ、どういう方法で生けどったものですか。

いつ（　　　　）

方法（　　　　）

② ①のガンは、大造じいさんにどれほどなれていますか。文中のその部分に線を引きましょう。

③ ア——で、大造じいさんはガンをどんな気持ちで見つめていましたか。最も合うものを選んで〇をつけましょう。

118

外に出してやるが、ヒュー、ヒュー、ヒュー

ーと口笛をふけば、どこにいてもじいさん

のところに帰ってきて、そのかた先に止ま

るほどになれていました。

ア大造じいさんは、ガンがどんぶりからえ

を食べているのを、じっと見つめながら、

「今年はひとつ、これを使ってみるかな。」

と独り言(ひと ごと)を言いました。

じいさんは、長年の経験(けいけん)で、ガンは、いち

ばん最初に飛び立ったものの後について飛

ぶ、ということを知っていたので、このガ

ンを手に入れたときから、ひとつ、これを

おとりに使って、残雪(ざんせつ)の仲間をとらえてや

ろうと、考えていたのでした。

椋鳩十『国語 五 銀河』光村図書

④ 大造じいさんが、長年の経験で知ったガンの性質(せいしつ)

を書きましょう。

（　　　　　）

（　　）うまそうにエサを食べているなあ。

（　　）すごくなついてくれて、かわいいなあ。

（　　）今度のかりに役立ってもらおう。

⑤ おとりとは、どういう意味ですか。□に入る言

葉を □ から選んで記号を書きましょう。

　他の鳥を □ ための □ の鳥。

ア さそい寄(よ)せる　イ 遠ざける　ウ にがす

エ 同種　オ 野生　カ 大型

物語文 大造じいさんとガン ③

名前

月　日

次の文章を読んで後の問いに答えましょう。

「あっ。」

　一羽、飛びおくれたのがいます。

　大造じいさんのおとりのガンです。長い間飼いならされていたので、野鳥としての本能がにぶっていたのでした。

　ハヤブサは、その一羽を見のがしませんでした。

　じいさんは、ピュ、ピュ、ピュと口笛をふきました。

　こんな命がけの場合でも、飼い主のよび声を聞き分けたとみえて、ガンは、こっちに方向を変えました。

　ハヤブサは、その道をさえぎって、パーンと一けりけりました。

① ──── はどういうことを表していますか。

①（　　）の中に文中から合う言葉を選んで書きましょう。

おとりのガンは長い間人間に（　　　　）いたので（　　　　）などのてきから身を守ったりする（　　　　）がうまく働かず、飛びおくれた。

② ──── とはどんな場合ですか。正しいものを一つ選んで○をつけましょう。

②（　　）飼い主に口笛でよばれている場合。

（　　）飛びおくれて、ハヤブサにねらわれている場合。

ぱっと、白い羽毛があかつきの空に光って散りました。ガンの体はななめにかたむいてきました。

もう一けりと、ハヤブサがこうげきの姿勢をとったとき、さっと、大きなかげが空を横切りました。

残雪です。

大造じいさんは、ぐっとじゅうをかたに当て、残雪をねらいました。が、なんと思ったか、再びじゅうを下ろしてしまいました。

残雪の目には、人間もハヤブサもありませんでした。ただ、救わねばならぬ仲間のすがたがあるだけでした。

いきなり、てきにぶつかっていきました。そして、あの大きな羽で、力いっぱい相手をなぐりつけました。

椋鳩十『国語 五 銀河』光村図書

（　）おとりとしての役目をはたしている場合。

③ 大造じいさんを③──のようにさせたのは、残雪のどんな様子を見たからですか。本文から三行をぬき書きしましょう。

＿＿＿＿＿＿＿＿＿＿

④ 大造じいさんはなぜ、じゅうを下ろしたのでしょう。一番合うものに〇をつけましょう。

（　）残雪が、自分の身の安全よりも仲間を助けようとしているから。

（　）じゅうをうてば、残雪だけでなく、おとりのガンにもあたるように思えたから。

（　）残雪がハヤブサと戦えばいいと思ったから。

次の文章を読んで後の問いに答えましょう。

やなせたかし（本名　柳瀬　嵩）は、一九一九年に東京で生まれた。両親と二さい下の弟との四人家族だったが、たかしが五さいのとき、新聞記者をしていた父親が病死してしまう。たかしと弟は母親とはなれ、高知県のおじ夫婦のもとに引き取られることになった。

おじもおばも、二人を本当の子どものようにかわいがってくれた。しかし、たかしの中にはどこかえんりょする気持ちがあり、どうしてもすなおになることができない。

「おじさんもおばさんもよくしてくれる。

① やなせたかしはいつどこで生まれましたか。

いつ（　　　　）

どこで（　　　　）

② たかしが五さいのときにどんなできごとがありましたか。二つに分けて書きましょう。

（　　　　　　　）（　　　　　　　）

（　　　　　　　）（　　　　　　　）

なのに、むねがつぶれるようにさびしいのは、なぜだろう。」

弟の千尋（ちひろ）にもそんな思いを打ち明けることができず、中学校に進むころには、たかしは内気な少年になっていた。

そんなたかしを救（すく）ったのは、絵をかくことだった。夢中（むちゅう）になってかいているときだけは、さびしさをわすれることができたのだ。

たかしはいつしか、将来（しょうらい）はまんが家になりたいという夢（ゆめ）をいだくようになった。

本格的（ほんかくてき）に美術（びじゅつ）の勉強をするために上京し、東京高等工芸学校に入学したのは、一九三七年、十八さいのときである。直後に日本は中国との戦争を始めたが、たかしの学生生活は、自由で充実（じゅうじつ）したものだった。

梯 久美子『国語 五 銀河』光村図書

③ たかしがさびしいのはなぜだと思いますか。選んで〇をつけましょう。

（　）母親とはなれて遠い高知でくらしているから。

（　）たかしは内気で友達がいないから。

（　）おじ夫婦が自分によくしてくれるのが申しわけないと思ったから。

④ たかしがさびしさをわすれることができたのは何をしているときですか。

（　　　　　）

⑤ たかしの夢は何でしたか。

（　　　　　）

次の文章を読んで後の問いに答えましょう。

たかしは考え続けた。

「じゃあ、この世に正義はないのだろうか。

みんな自分勝手に生きているだけなのか。そ

れじゃあ、あまりにむなしすぎる。」

戦後の日本は貧しく、着る物も食べる物も

不足していた。あちこちに空襲の焼けあと

も残っている。たかしは生活のために、高知

で廃品回収の仕事を始めた。そんなある

日、たかしは道ばたで、おさない兄弟がおに

ぎりを分け合って食べているのを見た。服は

① 戦後の日本はどんな様子でしたか。二つに分

けて書きましょう。

〔　　　　　　〕

② たかしの思う本当の正義とはどんなことです

か。文中のその部分に線を引きましょう。

〔　　　　　　〕

よごれていたが、二人とも幸せそうに笑っていた。そのえがおを見て、たかしははっとした。

「本当の正義とは、おなかがすいている人に、食べ物を分けてあげることだ。」

戦争は、人を殺すことだが、食べ物を分けることは、人を生かすことであり、命をおうえんすることだ——そう気がついたのだ。

「今も世界中に戦争をしている国があって、あのときのぼくよりもっと苦しい思いをしている人たちがいる。うえて死んでしまう子どももいる。その人たちを助けるのは、どんなときも正しいことのはずだ。」

梯 久美子 『国語 五 銀河』 光村図書

③ 食べ物を分けることはどんなことだとたかしは気づいたのですか。

（　　　　　　　　　　　）

④ ③に気づいたのは、どんな出来事からですか。

（　　　　）が（　　　　）を（　　　　）のを見たこと。

⑤ その人たちとはどんな人たちですか。

その人たちとは、□□□□□□□□□で、□□□□をしている人たち。□□□□□□□□□子ども。

次の文章を読んで後の問いに答えましょう。

たかしは五十四さいのとき、一さつの絵本を出版した。タイトルは「あんぱんまん」。後に日本中の人気者になるアンパンマンの誕生である。

アンパンマンは、それまでのヒーローとはちがっていた。顔がぬれただけで力をなくしてしまうし、かっこいい武器も持っていない。でも、こまった人や傷ついた人がいると、まっ先にかけつける。そして、自分の顔を食べさせることで元気をあたえるのだ。それは、たかしが戦争のつらい経験をもとに、正義や命について考えぬいた末に生み出した

① たかしが五十四さいのときに出版した絵本のタイトルは何ですか。

（　　　　　　）

② アンパンマンはどんなヒーローでどのような行動をしますか。文中のその部分に線を引きましょう。

（　　　　　　）

③ アンパンマンの行動は、たかしのどんな経験がもとになっていますか。

（　　　　　　）

主人公だった。

けれども、アンパンマンは最初、大人たちから評判が悪かった。「顔を食べさせるなんて、ざんこくだ。」というのだ。だが、たかしには、「正義を行い、人を助けようとしたら、自分も傷つくことをかくごしなければならない。」という信念があった。

「自分の食べ物をあげてしまったら、自分がうえるかもしれない。いじめられている人をかばったら、自分がいじめられるかもしれない。それでも、どうしてもだれかを助けたいと思うとき、本当の勇気がわいてくるんだ。」

たかしは、人気が出なくてもアンパンマンをかき続けた。

梯 久美子 『国語 五 銀河』 光村図書

④ 最初、大人たちからのアンパンマンの評判が悪かったのはなぜですか。

「

と、大人たちは思ったから。

」

⑤ たかしの信念はどんなことですか。

（　　　　　　　　　　）

⑥ 本当の勇気とはどんなときにわいてくるのですか。

（　　　　　　　　　　）

127

次の文章を読んで後の問いに答えましょう。

　四年生になって、治のかいた「ピンピン生チャン」というまんがが、教室で大評判になった。そのころ、日本は戦争中で、本屋にもまんが本は売っていなかった。それでみんなは、治がノートにかいたまんがを回覧して楽しんでいたのである。

　ある日、治のまんがを読んでいた女の子が先生に見つかり、ノートを取り上げられた。

「きっと大目玉をくらうぞ。二度とまんがをかいたらいけないと言われるんだろうな。」

治は覚ごを決めた。

① 四年生になって治のかいたまんがの題名は何でしょう。

（　　　　　　　　　　　）

② みんなは治のかいたまんがをどのように楽しんでいましたか。

（　　　　　　　　　　　）楽しんでいた。

③ 治が覚ごしたことを、二つ書きましょう。

（　　　　　　　　　　　）
（　　　　　　　　　　　）

、乾先生はおこるどころか、よ
くできているとほめてくれたのだ。
「このまんがの続きをかいたら、わたしにも
読ませてほしいな。」
　先生の言葉に、治はほっとした。そして先
生は続けて、こう言った。
「手塚は大人になったら、まんが家になれる
かもしれないよ。」
　治は、最初びっくりし、次には飛び上がり
たいほど、うれしい気持
ちになった。先生は、治
のまんがをみとめてく
れ、大きな自信と勇気を
あたえてくれた。

国松　俊英『新しい国語　五』東京書籍

④ 　に入る言葉を選んで〇をつけましょう。

（　）だから

（　）さらに

（　）ところが

⑤ 治がほっとしたのはなぜですか。正しい文を
選んで〇をつけましょう。

（　）先生にしかられず、しかもほめられた
から。

（　）自分のかいたまんがが大評判になった
から。

（　）二度とまんがをかいたらいけないと言
われたから。

⑥ 治に大きな自信と勇気をあたえてくれた言葉
は何ですか。

「

」

名前

月　日

次の文章を読んで後の問いに答えましょう。

ペンネームは、好きな虫であるオサムシからつけた「治虫（おさむ）」を使った。新人まんが家、手塚治虫（てづか）の誕生（たんじょう）である。

しばらくして手塚治虫は、ベテランのまんが家、酒井七馬（さかいしちま）と二人でまんが本を作った。一九四七年（昭和二十二年）一月に刊行（かんこう）したまんが「新宝島（しんたからじま）」は、大ヒット作となった。この本がヒットしたのは、治虫が全く新しい手法でまんがをかいたからである。

それまでのまんがは、演劇（えんげき）の舞台（ぶたい）のように固定された画面でかかれていた。同じ画面

① 「新宝島」が大ヒットしたのはなぜですか。

（　　　　　　　　）

② それまでのまんがはどんな画面でかかれていたのですか。

（　　　　　　　　）

③ 映画の手法とはどんな手法ですか。

（　　　　　　　　）

に、同じ大きさの人物が出てきて、せりふを
しゃべるだけである。けれど治虫は、まんが
にもっと動きをあたえ変化をつけようと、映(えい)
画(が)の手法であるクローズアップやロングショ
ットを使った。

大切な場面になると、何コマも使って同じ
人物をかいていき、顔の表(ひょう)情(じょう)や動きをいき
いきとえがき出した。画面を上からや下から
など、いろんな角度から見てかく手法もとっ
た。

どれも、それまでなかったまんがのかき方
だ。スピード感が出て、はく力(りょく)があり、人
物の心の動きまでが読む人に伝わってくる。
治虫は小学生のころから、たくさんの映画を
見てきた。そのことが役立った。

国松 俊英『新しい国語 五』東京書籍

④ 治虫のまんがのかき方にはどんなよさがあり
ますか。三つに分けて書きましょう。

（　　　　）が出る。

（　　　　）（　　　　）がある。

（　　　　）が伝わってくる。

⑤ 治虫のまんがのかき方に役立ったことは何で
すか。

（　　　　）

よく考えて！
君ならとけるよ

次の文章を読んで後の問いに答えましょう。

一九五〇年（昭和二十五年）十一月には、雑誌で「ジャングル大帝」の連載を始めた。アフリカ中央部のジャングルの王者、白いライオンの物語である。二年後に生み出したのは、空想科学まんが「鉄腕アトム」だった。アトムは、七つの超能力を持つロボットだが、人間と同じような温かい心を持っていた。一九五三年（昭和二十八年）には、少女雑誌で「リボンの騎士」の連載を始めた。少女サファイヤが剣を取って、悪い人間と戦う物語だ。どれも長編で、しっかりしたストーリーのもとに作られていた。

① 治虫のかいた作品と合う内容を　　から選んで記号で書きましょう。

ジャングル大帝　（　）

鉄腕アトム　（　）

リボンの騎士　（　）

ア　少女サファイアが悪い人間と戦う物語
イ　アフリカの白いライオンの物語
ウ　七つの超能力を持つロボットの物語

② 治虫のもう一つの夢は何でしょう。

（　　　　　　　　　　）

こうして売れっ子のまんが家になっていった治虫だが、さらにもう一つの夢を大切に育てていた。アニメーションを作ることである。そのため、ディズニーの映画が来ると、必ず映画館に足を運んだ。長編アニメ「バンビ」が公開されたときは、初日の一回目に行き、夜まで七回の上映を全部見た。毎日映画館に行って、「バンビ」を計八十回も見て、作り方を研究した。

一九六一年（昭和三十六年）、治虫は東京の練馬区に、アニメーションのスタジオを作った。最初は実験アニメーションから始め、翌年には日本初のテレビアニメーション「鉄腕アトム」の製作を始めた。長い間の夢をとうとう実現させたのである。

国松 俊英『新しい国語 五』東京書籍

③ ──── のためにしたことは何でしょう。

④ 「バンビ」が公開されたときは、合計で何回作品を見ましたか。

⑤ 治虫の実現させた夢とは何を始めたことですか。

「火の鳥」や「ブラック・ジャック」も有名だよ

名前

月　日

次の文章を読んで後の問いに答えましょう。

次のリレーのたいこう戦を例にして考えてみましょう。五年の一組と二組が学級たいこうのリレーをしました。それぞれ五人のリレー選手を出しました。リレーのとちゅうでは、二組のほうが速く、四人が走り終わった時には二組が勝っていました。けれども、最終ランナーのところで、一組が二組をぬいて、勝ったのです。

このリレーのことを、一組の夏目さんは、「大勝利」という見出しで学級新聞に書こうと思いました。二組は強敵で、勝つことがむずかしいと思っていたため、最終ランナーでの逆転勝ちは「大勝利」だと思ったから

① 新聞や雑しなどの記事のタイトルと同じ意味の言葉を文中からさがしましょう。

（　　　　　）

② 学級たいこうリレーは何組が勝ちましたか。

（　　　　　）

③ 夏目さんが「大勝利」だと思ったのはなぜですか。

（　　　　　）

です。同じ一組の春村さんは、最後のランナーが二組のランナーをあざやかにぬいたことが心に残ったので、「快勝」という見出しがぴったりではないかと思いました。

一方、二組の秋田さんは、「おしくも敗れる」と、学級新聞の見出しをつけました。ほとんど勝っていたリレーだったのに、本当におしいところで負けたという感想をもっていたからです。

一組は二組に大勝利をおさめた。
一組は二組に快勝した。
二組は一組におしくも敗れた。

☐ 、事実は同じでも、表現する人の立場や感じ方によって、言葉がちがっています。

福沢 周亮『ひろがる言葉 小学国語 五上』教育出版

④ 春村さんが「快勝」だと思ったのはなぜですか。

⑤ ☐ に入る言葉を選んで〇をつけましょう。
（　）このように
（　）なぜなら
（　）たとえば

⑥ 事実は同じなのに、言葉がちがっているのはなぜですか。

名前

月　日

○ 次の文章を読んで後の問いに答えましょう。

言葉がちがうと、受け取る側の印象もちがいます。「大勝利」ですと、価値ある勝利であるとか、非常に強かったということが印象に残りますし、「快勝」ですと、気持ちよく勝ったという印象があります。「おしくも敗れた」では、勝ちそうだったのに、もうちょっとのところで負けた、という感じがします。そのため、一組の新聞を読んだ場合と、二組の新聞を読んだ場合とでは、たいこう戦について、言葉から想像する「事実」がちがってきます。

① 言葉がちがうと何がちがうのですか。

〔　　　　　　　　　　　　　　　　〕

② 「大勝利」はどんな印象が残りますか。

〔　　　　　　　　　　　　　　　　〕

③ 「快勝」だとどんな印象がありますか。

〔　　　　　　　　　　　　　　　　〕

④ 「おしくも敗れた」ではどんな感じがしますか。

〔　　　　　　　　　　　　　　　　〕

言葉のあたえる印象のちがいに注意を向けた、こんな話もあります。数十年前のアメリカのあるデパートでのことです。同じ男子用ハンカチを、売り場の両はしに分けて積んでおき、次のような札をつけておいたところ、

① の札をつけておいたほうがよく売れたというのです。

① ⌒　　② ⌒

八時間の間に、①では、二十六人が手に取って見て、十一人が買っていったのに対し、②では、六人が手に取って見て、二人が買っていきました。同じ商品のハンカチですが、売れゆきにちがいがあったのです。

福沢 周亮『ひろがる言葉 小学国語 五上』教育出版

⑤ 一組と二組の新聞を読んだ場合では何がちがってくるのですか。

⌒

⑥ 文中の①②に入る札に書いてある言葉はアとイのどちらですか。

① ⌒　　② ⌒

ア　織_おりのやわらかい、交じりけのないアイルランドあさのハンカチーフ　特価_{とっか}　三枚_{さんまい}五十セント

イ　手ふき　三枚二十五セント

● 次の文章を読んで後の問いに答えましょう。

同じ（1）でも、（2）によってちがった「事実」の受け取り方をする、ということがよくわかるでしょう。そればかりか、人は、（3）だけを信用し、（4）に目を向けずに行動してしまうことがあるのです。

これまであげてきた例のようなことは、わたしたちの日常生活の中でもよく起きています。事実と言葉が結びついていても、人がちがえばことなった言葉で表され、ことなった（5）をあたえることがあります。そこには、一人一人のものの見方のちがいが表れて

① （1）（2）（3）（4）に入る言葉が「事実」ならA、「言葉」ならBと書きましょう。

1（　　）　2（　　）　3（　　）　4（　　）

② 同じ（1）でも、人によってことなる言葉で表されるのは、何が理由ですか。

（　　　　　　　　　　　　　　　）

③ （5）に入る言葉を選んで〇をつけましょう。

（　　）事実
（　　）言葉
（　　）印象

いるのです。そして時には、「受け取る側にこんな（５）をあたえよう」と考えて、言葉が用いられることもあります。

このように考えると、わたしたちが話したり書いたりするときには、ある一つの事実を表すにも、それをどのようにとらえ、どのように表すかということに気を配る必要があります。一方、話を聞いたり、本を読んだりするときには、話し手や書き手が事実をどのような言葉で表しているか、その言葉によって、その人がどのようなものの見方をし、どのような目的で、何を伝えようとしているか、というところまで考えてみる必要があるのです。

福沢 周亮 『ひろがる言葉 小学国語 五上』 教育出版

④ それとは何を表していますか。

（　　　　　　　　）

⑤ 話を聞いたり、本を読んだりするとき、話し手や書き手のどのようなことを考えてみる必要がありますか。

・どのような □□ で表しているか。

・どのような □□□□ をしているか。

・どのような □□ で伝えようとしているか。

名前

月　日

次の文章を読んで後の問いに答えましょう。

ウサギといえば、耳が長くてぴょんぴょんはねる、鳴かない動物——そう考える人が多いのではないでしょうか。□、アマミノクロウサギという種はちがいます。耳は約五センチメートルと短く、ジャンプ力は弱く、そのうえ「ピシー」という高い声で鳴くのです。このウサギは、日本だけに生息しているような、特定の国やちいきにしかいない動植物のことを「固有種」といいます。

固有種には、古い時代から生き続けている種が多くいます。アマミノクロウサギも、お

① ウサギとは、ふつうどんな動物ですか。特徴を三つに分けて書きましょう。

　〜〜〜〜
（　）
（　）
（　）

② □に入る言葉を選んで〇をつけましょう。

（　）しかし
（　）そして
（　）さらに

よそ三百万年以上前からほぼそのままのすがたで生きてきたとされる、めずらしいウサギです。このウサギと比べることで、「耳が長い」「ぴょんぴょんはねる」「鳴かない」というふつうのウサギの特徴が、長い進化の過程で手に入れられたものなのだということが分かります。固有種と他の種とを比べることは、生物の進化の研究にとても役立つのです。日本には、固有種がたくさん生息するゆたかな環境があります。わたしは、この固有種たちがすむ日本の環境を、できるだけ残していきたいと考えています。

今泉 忠明『国語 五 銀河』光村図書

③ アマミノクロウサギの特徴を三つに分けて書きましょう。
（　　　　　　　）
（　　　　　　　）
（　　　　　　　）

④ 固有種とは何ですか。
（　　　　　　　）

⑤ アマミノクロウサギはいつからほぼそのままのすがたで生きてきましたか。
（　　　　　　　）

⑥ 固有種と他の種とを比べることは何に役立つのですか。
（　　　　　　　）

説明文 **固有種が教えてくれること②**

名前 □□□□

月　　日

次の文章を読んで後の問いに答えましょう。

　では、現状はどうでしょうか。明治時代以降、人間の活動が活発になり、森林のばっさいや外来種の侵入が進みました。それによって、動物たちのすむ場所が消失するという問題が起こり、すでに絶滅したほ乳類もいます。最もよく知られているのは、本州・四国・九州に生息し、一九〇五年に記録されたものを最後に消息を絶ったニホンオオカミでしょう。二〇一二年には、ニホンカワウソの絶滅が宣言されました。ニホンリスも数が減少しており、すでに九州では絶滅したのではないかともいわれています。自然の作用ではなく、人間の活動によって、固有種が減へ

① 明治時代以降、人間の活動が活発になると何が進みましたか。

（　　　　　　　　）

② すでに絶滅したほ乳類で最もよく知られているのはどんな動物ですか。

（　　　　　　　　）

③ 二〇一二年に絶滅を宣言されたのはどんな動物ですか。

（　　　　　　　　）

ってきているのです。

この問題が分かってから、固有種などを天然記念物に指定したり、絶滅のおそれのある動植物を「絶滅危惧種（きぐ）」などとランク分けしたりして、積極的な保護（ほご）が行われてきました。例えばニホンカモシカは、らんかくによって一時は絶滅したのではないかとされ、「まぼろしの動物」とよばれるほどに減少しました。しかし、一九五五年に特別天然記念物として保護されるようになると再び増加（ぞうか）し、現在（げんざい）は全国に十万頭以上にまで増えました。保護したことがよい結果を生んだのです。

今泉 忠明『国語 五 銀河』光村図書

④ 九州では絶滅したのではないかといわれているのはどんな動物ですか。

（　　　　　）

⑤ 固有種が減ってきている原因（げんいん）は何ですか。

（　　　　　）

⑥ 積極的な保護とはどんなことですか。文中のその部分に線を引きましょう。

⑦ なぜニホンカモシカは「まぼろしの動物」とよばれているのですか。

（　　　　　）

名前

月　日

次の文章を読んで後の問いに答えましょう。

しかし、いいことばかりは続きませんでした。ニホンカモシカは、生息場所である天然林が減少するのにともなって、植林地に現れ、幼木の芽を食べるようになりました。それがきらわれ、特別天然記念物にもかかわらず、ちいきによっては害獣としてくじょされるようになったのです。固有種の保護は、その生息環境の保護とのバランスが重要なのです。

今、絶滅が心配されている固有種が数多くいます。絶滅してしまうと、その動物には二度と会うことができなくなります。数万から

① ニホンカモシカは生育場所の天然林からどこに現れるようになりましたか。

（　　　　　　　　）

② ①で何をするようになりましたか。

（　　　　　　　　）

③ くじょとはどんな意味ですか。正しい意味を選んで〇をつけましょう。

（　　）追いはらうこと
（　　）みとめること
（　　）助けること

数百万年もの間生き続けてきた固有種は、生物の進化や日本列島の成り立ちの生き証人としてきちょうな存在です。また、日本列島のゆたかで多様な自然環境が守られていることのあかしでもあります。その固有種は、この日本でしか生きていくことができません。ですから、わたしたちは、固有種がすむ日本の環境をできる限り残していかなければなりません。それが、日本にくらすわたしたちの責任なのではないでしょうか。

今泉 忠明 『国語 五 銀河』 光村図書

④ 固有種は、生物の進化や日本列島の成り立ちの生き証人とはどういうことですか。正しい文を選んで○をつけましょう。

（　）固有種が生物の進化や日本列島の成り立ちを支えてきたから。

（　）固有種は生物の進化や日本列島の成り立ちを見るように長く生き続けてきたから。

（　）固有種は生物の進化や日本列島の成り立ちのえいきょうを受けずに生きてきたから。

⑤ わたしたちの責任とはどんなことですか。

次の文章を読んで後の問いに答えましょう。

現在、わたしたちを取り囲むテクノロジーは、目まぐるしい進歩を続けています。インターネットから必要な情報をいつでも得られるスマートフォンやパソコンは、もはやわたしたちの生活の一部となりました。かつては夢の技術であった自動車の自動運転機能も実用化が進んでいます。ロボットについても、かいごや家庭など、人と関わる際に使われるものが登場し、高性能化が進んでいます。

① テクノロジーとはどんな意味ですか。正しい意味に○をつけましょう。

（　　）科学技術のこと

（　　）地球かん境のこと

（　　）ロボット製品のこと

② 今、実用化が進んでいる夢の技術だったものとは何ですか。

（　　　　　　　　　　　）

③ 高性能化が進んでいるものは何ですか。

（　　　　　　　）（　　　　　　　）

テクノロジーが進歩し、次々に新しい製品が開発される背景（はいけい）には、「便利で高い性能（せいひん）を持つものほどよいものだ」という考えがあります。しかし、そうした「何かをしてくれる」製品が世の中にあふれることにより、わたしたちは、自分が「　　　　　」存在（そんざい）であることをあたりまえのように感じるようになります。そうすると、わたしたちはますます多くの機能や便利さを求めるようになり、してくれないことにがまんができなくなったり、してもらって当然だという気持ちになったりすることが増（ふ）えてしまいます。

岡田　美智男『新しい国語　五』東京書籍

④ 次々に新しい製品が開発される背景にはどんな考えがありますか。

＿＿＿＿＿＿＿＿＿＿

⑤ □ に入る言葉に○をつけましょう。

〔　〕何かをしてあげる
〔　〕何かをしてくれる
〔　〕何かをしてもらう

⑥ あたりまえと同じ意味の言葉を文の中から選びましょう。

〔　　　　　　〕

名前

月　日

次の文章を読んで後の問いに答えましょう。

具体的に、「ごみ箱ロボット」の例を見てみましょう。「ごみ箱ロボット」は、その名前の通り、ごみ箱の形をしたロボットです。見た目はほとんどごみ箱であり、そこに車輪が付いて動けるようになっているものです。

このロボットには、ごみを拾うための機能（きのう）がありません。底に付いた車輪を使って、よたよたと歩きながらごみを見つけます。この歩く動きは、まるで□生き物のように見えます。このごみ箱ロボットの様子を見た人は、思わず、手にしたごみを投げ入れたり、

① ごみ箱ロボットはどんな形をしていますか。

（　　　　　　　）

② ごみ箱ロボットはどのように歩きますか。

（　　　　　　　）

③ □に入る言葉に○をつけましょう。

（　）強そうな
（　）すばやい
（　）たよりない

④ 人がごみを入れるとロボットはどうしますか。

（　　　　　　　）

148

落ちているごみを拾って投げ入れたりします。すると、このロボットは、センサーによってごみが投げ入れられたことを感知し、ほんの小さくおじぎをします。ごみを投げ入れた人は、これを見て、なんとなくうれしい気持ちになるでしょう。こうやって周りの人の協力を得ながら、このロボットはその場をきれいにすることができるのです。

このように、「弱いロボット」には、周りの人の協力を引き出したり、行動をさそったりする力があります。また、ロボットと人の関わりにおいても、たがいの思いが伝わる気がしたり、手伝うことの喜びを感じたりすることができます。

岡田 美智男 『新しい国語 五』 東京書籍

⑤ ごみ箱ロボットが得る、周りの人の協力とはどんなことですか。

（　　　　）

⑥ 弱いロボットにはどんな力がありますか。

（　　　　）

⑦ 正しい文に○をつけましょう。

（　　）ごみ箱ロボットはごみを拾うロボットである。

（　　）ごみ箱ロボットの様子を見た人にごみを投げ入れさせるロボットである。

（　　）弱いロボットはこわれやすいロボットである。

次の文章を読んで後の問いに答えましょう。

この「弱いロボット」が持つ「弱さ」は、人間の赤ちゃんに似ているのではないでしょうか。生まれて半年ほどの赤ちゃんは、歩くこともできませんし、言葉を話すこともできません。一人で何もできないという意味では、「弱い」存在だと言えるでしょう。しかし赤ちゃんは、何もできないのに、周りの大人たちの関心と手助けを引き出します。赤ちゃんがぐずりだすと、大人たちは、「おなかがすいたのだろうか」「遊んでほしいのかな」などと考え、ミルクを用意したり、おもちゃで遊んだりします。「弱い」存在であり

① 弱いロボットが持つ弱さは何に似ていますか。

（　　　　　　　）

② 赤ちゃんは弱い存在だと言えるのはどうしてですか。

（　　　　　　　）

③ 赤ちゃんは何もできないのに、周りの大人たちから何を引き出しますか。

（　　　　　　　）

ながら、周囲の人々の協力を引き出すことで、食事をとり、ほしいものを手にすることができるのです。

赤ちゃんは、その「弱さ」ゆえに、人々との関わりを作りだす力を持っています。さらに、赤ちゃんを共に世話する集団として、周囲の人どうしの協力関係も作りだしているのです。ごみ箱ロボットが、自分では十分な機能を持たずにその場所をきれいにすることができるのは、こうした関わり合いを、ロボットと人間の間に、あるいは、その場にいる人間どうしの間に作ることができるからなのです。それは、「何かをしてもらう」人間と「何かをしてくれる」ロボットのような関係ではなく、たがいに支え合う心地よい関係だと言えるでしょう。

岡田 美智男『新しい国語 五』東京書籍

④ 赤ちゃんの弱さが持っている力はどんな力ですか。

（　　　　　　　　　　　　）

⑤ ごみ箱ロボットがその場所をきれいにできるための関わりは何と何の間に作られますか。二つ書きましょう。

（　　　　　　　　　　　　）
（　　　　　　　　　　　　）

⑥ 「弱いロボット」と人間の関係とはどんな関係ですか。

（　　　　　　　　　　　　）

名前

月　日

次の文章を読んで後の問いに答えましょう。

あなたが、小さな子どもに「コップ」の意味を教えるとしたらどうしますか。言葉でくわしく説明しても、子どもはその説明に出てくる言葉を知らないかもしれません。「実物を見せればいい。」と思う人もいるでしょう。

　　　、コップには、色や形、大きさなど、さまざまなものがあります。持ち手のついた小さい赤いコップと、持ち手のない大きなガラスのコップ、どちらをコップとして見せればよいでしょうか。また、コップのような形をしていても、花びん(か)として作られたものがあるかもしれません。スープを入れる皿

① □ に入る言葉を選んで○をつけましょう。

（　）しかし

（　）だから

（　）つまり

② コップにはさまざまなものがありますが、見た目はそれぞれどこがちがっていますか。三つ書きましょう。

（　　　）（　　　）

（　　　）（　　　）

③ どちらとは、何と何をさしていますか。

（　　　）（　　　）

にも、コップに似たものがありそうです。そう考えると、使い方も理解してもらわなければなりません。

ここから分かるように、「コップ」という一つの言葉が指すものの中にも、色や形、大きさ、使い方など、さまざまな特徴をもったものがふくまれます。つまり「コップ」の意味には広がりがあるのです。また、その広がりは、「皿」「わん」「湯のみ」「グラス」「カップ」といった他の食器や、「花びん」のような他の似たものを指す言葉との関係で決まってくるのです。

今井 むつみ 『国語 五 銀河』 光村図書

④ コップのような形をしていてもコップではないものを文中から二つ書きましょう。

（　　　　　　　）
（　　　　　　　）として作られたもの。
スープを入れる（　　　　　　　）。

⑤ 「コップ」の意味の広がりは、他の食器や似たものを指す言葉との関係で決まってきます。その例として挙げられているものを文中から六つさがして線を引きましょう。

⑥ 正しい文に〇をつけましょう。

（　　）コップの意味を教えるのには実物を見せればいい。

（　　）コップの意味を言葉でくわしく教えると小さな子どもは理解できる。

（　　）コップの意味を教えるには使い方も理解してもらわなければならない。

次の文章を読んで後の問いに答えましょう。

つまり、この言いまちがいの原因は、自分が覚えた言葉を、別の場面で使おうとしてうまくいかなかったことといえます。言葉の意味のはんいを広げて使いすぎたのです。同じことは、母語ではない言語を学ぶときにも起こります。

「朝食にスープを食べました。」

これは、アメリカ人の留学生が言った言葉です。日本語では、スープは「飲む」と表現することが多いため、日本語を母語とする人が聞くと、やや不自然に聞こえます。子ど

① 「朝食にスープを食べました。」と言ったのはだれですか。

（　　　）

② 日本語ではスープを「食べる」ことを何と表現しますか。

スープを（　　　）

③ ①のような表現をした原因は何ですか。

（　　　）

もとはちがい、この留学生は、「飲む」という言葉を知らなかったわけではありません。

それでは、どうしてこのような表現をしたのでしょうか。

それは、英語と同じ感覚で「食べる」という言葉を使ったことが原因です。英語では、ものを食べる動作を「eat（イート）」という言葉で表しますが、これをスープに対しても使うため、「スープを食べる」という表現をしたのでしょう。日本語の「食べる」と、英語の「eat」は似た意味の言葉ですが、意味のはんいがちがうのです。「食べる」と「eat」以外の言葉にも、こういったちがいはあります。

今井 むつみ 『国語 五 銀河』光村図書

④ ものを食べる動作のことを英語では何という言葉で表現しますか。

（　　　　　　　　）

⑤ 日本語の「食べる」と英語の「eat（イート）」は似ていますが何がちがうのですか。

（　　　　　　　　）

⑥ 正しい文に○をつけましょう。

（　　）アメリカの留学生は「飲む」という言葉を知らなかった。

（　　）「スープを食べる」という表現は日本語ではやや不自然に聞こえる。

（　　）「食べる」と「eat」はまったく同じ言葉である。

説明文 言葉の意味が分かること③

名前　　　　　　　　　月　　日

次の文章を読んで後の問いに答えましょう。

　わたしたちが新しく言葉を覚えるときには、物や様子、動作と言葉とを、一対一で結び付けてしまいがちです。これは、言葉の意味を「点」として考えているといえます。しかし、言葉の意味には広がりがあり、言葉を適切に使うためには、そのはんいを理解する必要があります。つまり、母語でも外国語でも、言葉を学んでいくときには、言葉の意味を「面」として理解することが大切になるのです。

　さらに、言葉の意味を「面」として考えることは、ふだん使っている言葉や、ものの見

① 次の文は、言葉の意味を「点」と「面」のどちらで理解していますか。（　）に点か面のどちらかを書きましょう。

ア 物や様子、動作と言葉を一対一で結びつける。（　　）

イ 言葉の意味の広がりとはんいを理解する。（　　）

② 言葉の意味を「面」として考えることはどんなことにつながりますか。

（　　　　　　　　　　　　　）

156

方を見直すことにもつながります。あなたは、これまでに、「かむ」と「ふむ」が似た意味の言葉だと思ったことはありましたか。どうしてスープは「食べる」ではなく、「飲む」というのか、考えたことがありましたか。これらの例は、知らず知らずのうちに使い分けている言葉を見直すきっかけとなります。そして、わたしたちが自然だと思っているものの見方が、決して当たり前ではないことにも気づかせてくれます。みなさんは、これからも、さまざまな場面で言葉を学んでいきます。また、外国語の学習にもちょうせんするでしょう。そんなとき、「言葉の意味は面である」ということについて、考えてみてほしいのです。

今井 むつみ『国語 五 銀河』光村図書

③ これらの例とは、どんなことですか。
（　　　　　　　　　）（　　　　　　　　　）

④ 決して当たり前ではないこととは何ですか。
（　　　　　　　　　）（　　　　　　　　　）

⑤ 正しい文に〇をつけましょう。
（　）言葉の意味を点で理解しなければならない。
（　）言葉の意味を面として理解することが大切である。
（　）日本語より外国語のほうが言葉の意味が広い。

名前

月　日

次の文章を読んで後の問いに答えましょう。

かつて、「菓子」という言葉は木の実や果物のことを意味していました。あまい物が少なかったため、今のわたしたちが菓子を食べるように、木の実や果物を食べていたのでしょう。その一方で、もちやだんごのようなものは、保存のためや野山に持っていくために作られていたと考えられています。こうした日本古来の食べ物に、外国から来た食べ物がえいきょうをあたえることで、和菓子の歴史に変化が生まれます。

えいきょうをあたえたものの一つ目は、飛鳥（あすか）から平安（へいあん）時代に、中国に送られた使者が伝えた唐菓子（とうがし）です。唐菓子の多くは、米や麦

① かつて「菓子」という言葉は何のことを意味していましたか。

（　　　　　）

② もちやだんごのようなものは何のために作られていましたか。

（　　　　　）

③ 日本古来の食べ物にえいきょうをあたえたものは何ですか。

（　　　　　）

158

の粉のきじをさまざまな形に作り、油であげたものでした。二つ目は、鎌倉から室町時代に、中国に勉強に行った僧が伝えた点心です。点心とは、食事の間にとる軽い食べ物のことですが、この中に、まんじゅうやようかんなどの原形となるものがありました。三つ目は、戦国時代から安土桃山時代を中心に伝わった南蛮菓子です。ポルトガルやスペインから、カステラやコンペイトー、ボーロなどの菓子が伝わりました。これらの食べ物の製法などが、日本の菓子に応用されていったのです。

中山 圭子 『新しい国語 五』東京書籍

④ 唐菓子は何時代にだれが伝えたものですか。

時代（　　　）

だれ（　　　）

⑤ 点心とは何ですか。

（　　　）

⑥ カステラやコンペイトー、ボーロなどの菓子を何といいますか。

（　　　）

がんばったら
おやつを食べよう！

次の文章を読んで後の問いに答えましょう。

○

和菓子は年中行事と結び付き、人々の生活の中に根付いていきました。年中行事には、季節の変わり目や、何かの節目に関わるものが多くあり、そこで食べる和菓子には、子どもの成長や家族の健康など、人々の願いや思いがこめられているものがあります。

例えば、三月三日のももの節句には、ひしもちや草もちなどを食べ、五月五日のたんごの節句には、かしわもちやちまきなどを食べます。ひしもちや草もちには、わざわいをよ

① 和菓子は何と結び付き、どこに根付いていきましたか。

（　　　　　　　　　）と結び付き、

（　　　　　　　　　）に根付いています。

② 人々の願いや思いとは何ですか。

（　　　　　　　　　）

③ 三月三日のももの節句には、何を食べますか。

（　　　　　　　　　）

せ付けないようにという願いがこめられているといわれ、かしわもちには、子孫はん栄（えい）の願いがこめられているといわれています。

また、和菓子は茶道（さどう）とも深い関わりを持っています。茶道では、四季の移（うつ）り変わりや季節の味わいを大切にしています。そのため、茶会で使われる和菓子にも同様に、季節をたくみに表現（ひょうげん）したものが求められてきました。

中山　圭子　『新しい国語　五』　東京書籍

④ 五月五日のたんごの節句には、何を食べますか。

（　　　　　　）

⑤ ひしもちや草もちにはどんな願いがこめられているといわれていますか。

（　　　　　　）

⑥ かしわもちにはどんな願いがこめられていますか。

（　　　　　　）

⑦ なぜ茶会で使われる和菓子には、季節をたくみに表現したものが求められるのですか。

（　　　　　　）

名前

月　日

次の文章を読んで後の問いに答えましょう。

また、和菓子作りには、梅やきくの花びらなどの形を作るときに使う「三角べら」や「和ばさみ」、らくがんを作るときに使う「木型」など、さまざまな道具が必要です。

さらに、あずきや寒天、くず粉などの上質な材料も和菓子作りには欠かせませんが、それらの多くは、昔ながらの手作業によって作られています。和菓子作りに関わる道具や材料を作る人たちも、和菓子の文化を支えているのです。

① 和菓子作りに使う道具を三つあげましょう。

（　　　）（　　　）
（　　　）

② 和菓子作りに欠かせない上質な材料を三つあげましょう。

（　　　）（　　　）
（　　　）

③ 和菓子がなくなってしまわないためには職人とだれが必要ですか。

（　　　）

一方、和菓子を作る職人がいても、それを食べる人がいなければ、和菓子はいずれなくなってしまうのではないでしょうか。

□ 、わたしたちが季節の和菓子を味わったり、年中行事に合わせて作ったりすることも、和菓子の文化を支えることだといえるでしょう。和菓子は、和菓子作りに関わる職人だけではなく、それを味わい楽しむ多くの人に支えられることで、現在に受けつがれているのです。

中山 圭子『新しい国語 五』東京書籍

④ □ に入る言葉を選んで○をつけましょう。

（　）ですから
（　）ところが
（　）たとえば

⑤ 和菓子の文化を支えるためにわたしたちができることを二つあげましょう。

（　　　　）
（　　　　）

⑥ 正しい文二つに○をつけましょう。

（　）和菓子の道具や材料作りは手作業が多い。
（　）和菓子を食べる人も和菓子を支えている。
（　）和菓子はいずれなくなってしまう。

次の文章を読んで後の問いに答えましょう。

学校のマラソン大会で、あなたが十位に入ったとしよう。あなたの、前回のマラソン大会での結果は、五位だったとする。順位が下がったあなたは、こう言うだろう。

「前回より、五位も下がってしまいました。」

□　、先生はこう言うかもしれない。

「でも、三十秒もタイムがちぢまっていますよ。」

このように、同じ出来事でも、何を大事と思うかによって、発信する内容（ないよう）がずいぶんち

① □に当てはまる言葉を選んで○をつけましょう。

（　）だから
（　）もし
（　）しかし

② マラソン大会の結果で、あなたと先生はそれぞれ何を大事にしているのですか。

あなた…（　）

先生…（　）

がってくる。

これは、学校や家庭での会話だけで起こることではない。わたしたちは、テレビやインターネット、新聞など、さまざまな手段で世の中の情報を得ている。こうした手段のことを「メディア」というが、これらメディアから発信される情報もまた、事実の全ての面を伝えることはできない。それぞれのメディアは、大事だと思う側面を切り取って、情報を伝えているのである。

下村 健一『国語 五 銀河』光村図書

③ 文中での、わたしたちが世の中の情報を得ている手段とは何ですか。三つ書きましょう。
（　　　　）（　　　　）（　　　　）

④ ③以外で、わたしたちが情報を得ている手段をあと一つ考えて書きましょう。
（　　　　）

⑤ 情報を得ている手段のことを何といいますか。
（　　　　）

⑥ メディアからの情報も全ての面を伝えることができないのはなぜですか。
（　　　　）（　　　　）だと思う（　　　　）が、（　　　　）から。

次の文章を読んで後の問いに答えましょう。

そして、いったん立ち止まったら、次は、メディアが伝えた情報について、冷静に見直してみよう。この報道の中で、

「Aさんは、報道陣をさけるためか、うら口からにげるように出ていきました。」

というレポートがあったとする。これを聞くと、あなたは、Aさんが何かをかくしているように思わないだろうか。（　１　）、うら口から出たのは、その方向に行く必要があったから

① （1）（2）（3）に当てはまる言葉を□□□□から選んで記号を書きましょう。

1（　　）　2（　　）　3（　　）

┌─────────────────┐
アこのように　イしかし　ウまた
└─────────────────┘

② 次の言葉は「事実」ですか「印象」ですか。（　）に事実はア、印象はイと書きましょう。

Aさんは…………………………（　）

報道陣をさけるためか…………（　）

うら口から………………………（　）

にげるように……………………（　）

出ていきました…………………（　）

かもしれない。こう想像してみると、「報道陣をさけるためか」というのは、レポーターがいだいた印象にすぎない可能性がある。

（2）、急がなければならない理由があったのかもしれないから、「にげるように」も印象だろう。（3）、想像力を働かせながら、一つ一つの言葉について、『事実かな、印象かな。』と考えてみることが大切である。このレポートから、印象が混じっている可能性のある表現を取りのぞくと、結局、確かな事実として残るのは、「Aさんは／うら口から／出ていきました」という言葉だけになる。

ここには、Aさんが次の監督になると判断する材料は何もない。

下村健一『国語 五 銀河』光村図書

③ ～～ことは何をさしていますか。

（　）

④ 「最後には」という意味の言葉を文中からさがしましょう。

（　）

⑤ 「元気そうな／赤ちゃんは／気持ちよさそうに／夢を見ながら／ねている。」という文を事実と印象に分けて、番号を書きましょう。
①　②　③　④ゆめ　⑤

事実（　）（　）

印象（　）（　）

名前

月　日

次の文章を読んで後の問いに答えましょう。

結局、サッカーチームの次の監督には、別の人が選ばれた。Aさんは関係なかったのである。しかし、この期間、Aさんは多方面から注目され、Aさんに大きな仕事をたのもうとしていた会社が、「Aさんは監督になるから、いそがしくなるだろう。」と、他の人にその仕事のいらいを変更してしまうなどのことが起こった。

ここに例示した報道は、架空の話である。しかし、このように、思いこみや推測によってだれかを苦しめたり、だれかが不利益を受けたりすることは、実際に起こりうるのだ。

① 架空とはどんな意味ですか。正しいものを選んで○をつけましょう。

（　）頭の中で想像してつくり出すこと。

（　）まちがって伝えられること。

（　）みんなが知っていること。

② 報道での思いこみや推測で起こりうることはどんなことですか。

③ それぞれとは、何と何ですか。

（　　　）と（　　　）

メディアは、わざとわたしたちをだましたり、あやまった思いこみをあたえたりしようとしているわけではない。少しでも早く、分かりやすく、情報を伝えようと工夫する中で、時に、思いこみにつながる表現になってしまうことがあるのだ。そんな思いこみを防ぐために、メディアの側も、情報を受け取るあなたの側も、それぞれに努力が必要なのである。

あなたの努力は、「想像力のスイッチ」を入れることだ。あたえられた小さいまどから小さい景色をながめるのでなく、自分の想像力でかべを破り、大きな景色をながめて判断できる人間になってほしい。

下村 健一 『国語 五 銀河』 光村図書

④ あなたの努力は何をすることですか。

（　　　　　　　　　　　　）

⑤ 小さい景色とはどんなことですか。正しい文を選んで○をつけましょう。

（　）遠くから見た自然の風景。

（　）特定の部分に限定された情報。

（　）自分だけで考えようとすること。

⑥ 正しい文に○をつけましょう。

（　）メディアはわざとわたしたちをだますことがある。

（　）メディアもわたしたちも思いこみを防ぐ努力が必要である。

（　）メディアはいつも分かりやすく情報を伝えている。

名前

月　日

次の文章を読んで後の問いに答えましょう。

動物たちは海の中で何を見て、どんなことを考えて日々くらしているのだろうか。あたりまえのことだが、動物たちはすでに答えを知っている。どうしてもそれを知りたい研究者たちは、新しい手法を考案した。動物にデータロガーという小型の記録計を取り付けて、わたしたちが観察できない海中の行動を、動物たちに直接教えてもらうのだ。動物が自分の行動データを取ってくるこのやり方には、「バイオロギング」という名前が付いている。「バイオロギング」とは、「生物が（バイオ）記録する（ロギング）」という意

① 文中の答えに対する問いの文をぬき書きしましょう。

〔　　　　　　　　　〕

② 動物に取り付ける小型の記録計を何と言いますか。

〔　　　　　　　　　〕

③ バイオロギングとはどんなやり方ですか。

〔　　　　　　　　　〕

170

味である。

このバイオロギングを使ってさまざまな動物たちのデータを取っていく中で、不思議なことに気がついた。それは、泳ぐ速さと体の大きさの関係だ。（ 1 ）、体重十二キログラムのキングペンギンは、えさがある深さと水面の間を往復するとき、時速七・六キロメートルで泳いでいた。（ 2 ）、体重三百三十キログラムのウェッデルアザラシは、時速五・四キロメートルで泳いでいた。人間の場合、体の大きい大人は小さい子どもより速く歩く。だから、体の大きなウェッデルアザラシのほうが当然速く泳いでいると思っていたのに、小さなキングペンギンのほうがやや速く泳いでいることになる。

佐藤　克文『新しい国語　五』東京書籍

④ バイオロギングとはどんな意味ですか。

（　　　　　　　　　　）

⑤ 不思議なこととは何ですか。

（　　　　　　　　　　）

⑥ （ 1 ）（ 2 ）に入る言葉を選んで、記号を書きましょう。

1（　　　）　2（　　　）

ア　一方　　イ　例えば

⑦ なぜキングペンギンよりウェッデルアザラシの方が速く泳ぐと思っていたのですか。

（　　　　　　　　　　）

次の文章を読んで後の問いに答えましょう。

どうやら、体が大きいからといって、必ずしも速く泳ぐわけではなさそうだ。

このことを確かめるためには、もっと大型の動物のデータが必要になる。わたしは、マッコウクジラの研究者に協力してもらい、マッコウクジラの海中での動きについて、データを取ってきてもらった。人間をひと飲みにできそうなほど大きなマッコウクジラの場合、いったいどれほど深くもぐり、どのくらいの速さで泳いでいるのだろう。

① このこととはどんなことですか。

　（　　　　　　　）

② マッコウクジラの研究者に協力してもらったのはどんなことですか。

　（　　　　　　　）

③ マッコウクジラはどれくらいの深さまでもぐっていたのですか。

　（　　　　　　　）

マッコウクジラに取り付けた装置には、クジラの動きがくわしく記録されていた。マッコウクジラは、チメートル以上の深さまでもぐっていた。そのときの泳ぐ速さは、時速五・八キロメートルだった。体重十トンをこえるマッコウクジラは、ペンギンやアザラシよりもはるかに大きいから、もっと速く泳ぐと思っていたが、ペンギンやアザラシと同じような速さで泳いでいた。

佐藤 克文 『新しい国語 五』 東京書籍

④ マッコウクジラの泳ぐ速さはどれぐらいですか。

（　　　　　）

⑤ マッコウクジラがペンギンやアザラシよりももっと速く泳ぐと思っていたのはなぜですか。

（　　　　　）

⑥ 正しい文に〇をつけましょう。

（　　）体が大きい動物ほど速く泳ぐ。

（　　）マッコウクジラは千メートル以上ももぐれない。

（　　）マッコウクジラとペンギンやアザラシは同じような速さで泳ぐ。

次の文章を読んで後の問いに答えましょう。

クジラの中でも最大となる体重九十トンのシロナガスクジラから、体重五百グラムのウトウという海鳥まで、いろいろな動物の泳ぐ速さをくらべてみた。すると、これだけ体の大きさがことなるのに、泳ぐ速さは時速四・〇から八・〇キロメートルのせまい範囲におさまっていることが分かった。これはいったいなぜなのか。

この結果から考えられるのは、次のようなことである。動物たちは毎日えさをとるために潜水をくり返している。かれらにとって大

① いろいろな動物の泳ぐ速さはどれくらいの範囲におさまっていますか。

（　　　　　　　　　）

② えさをとるために潜水をくり返している動物たちにとって大切なことは何ですか。

（　　　　　　　　　）

③ もしも全速力で泳いでしまうと、どうしなければなりませんか。

（　　　　　　　　　）

切なことは、できるだけ速く泳ぐことではなく、できるだけ楽に移動することだ。もしも全速力で泳いでしまうと、わたしたちが走った後に息切れするのと同じように、せっかくえさ場にたどり着いたのにすぐに水面に引き返さなければならない。　□　ゆっくり泳ぐと、えさ場までたどり着くのに時間がかかりすぎるので、帰りに要する時間を考えると、えさのいる深さに長時間とどまることができなくなる。泳ぐことによるエネルギーの消費を最小限におさえるためには、速からずおそからず、いちばんよい速度があるはずだ。それが時速四・〇から八・〇キロメートルだったのだ。

佐藤 克文『新しい国語 五』東京書籍

④ ゆっくり泳ぐと、何ができなくなりますか。

⟍　　　　　　　　　　⟋

⑤ □ に入る言葉を選んで〇をつけましょう。

（　）さらに
（　）逆（ぎゃく）に
（　）だから

⑥ 動物が速からずおそからず、いちばんよい速度で泳ぐのは何をおさえるためですか。

⟍　　　　　　　　　　⟋

説明文 東京スカイツリーのひみつ①

名前 ＿＿＿＿＿＿＿＿＿＿　月　日

次の文章を読んで後の問いに答えましょう。

東京スカイツリーは、テレビ放送などの電波を関東一円に飛ばす電波とうで、高さが六三四メートルもあります。ワイヤーなどで横からひっぱられず、とう自体で地上から立ち上がっている「自立式電波とう」としては、世界一の高さをほこります。二〇一一年十一月には、世界一高いタワーとして『ギネス世界記録二〇一一』という本にものりました。

このような高い電波とうを建設するにはわけがありました。

スカイツリー建設構想（こうそう）の始まりは、二〇〇

① 東京スカイツリーの高さは何メートルですか。

　（　　　　　　　　　）

② 自立式電波とうとはどんな電波とうなのですか。

　（　　　　　　　　　）

③ スカイツリーの前に電波を飛ばしていた電波とうは何ですか。

　（　　　　　　　　　）

176

三年にさかのぼります。それまで首都けんでは、東京タワーからテレビ放送の電波が飛ばされていました。しかし、高そうビルがたくさん建つようになり、電波がとどきにくい場所がふえてきました。そこで、電波を広い地域（いき）にとどけるために、東京タワーよりさらに高い六〇〇メートル以上の電波とうをつくる必要があったのです。

日本は地しんや台風の多い国です。このように高いタワーの建設にあたっては、巨大地（きょだい）しんや台風が起きても、タワーがくずれたりたおれたりしないことを目標にする必要がありました。しかし、この目標を達成し、東京スカイツリーを建設するには、いくつもの問題がありました。

瀧井 宏臣 『みんなと学ぶ 小学校国語 五年上』 学校図書

④ 首都けんのけんと同じ使い方をしている言葉を選んで〇をつけましょう。

（　）神奈川けん
（　）当選けん内
（　）入場けん

⑤ 電波がとどきにくい場所がふえたのはどうしてですか。

（　　　　　　　　　　）

⑥ 今までよりさらに高い電波とうを必要とするのはなぜですか。

（　　　　　　　　　　）

次の文章を読んで後の問いに答えましょう。

せの高いタワーがたおれず安定するために
は、足もとの柱と柱とのきょりが長いほうが
有利です。 □ 、すもうをとるときには、
両足を大きく開いてふんばり、たおされない
ようにして相手と組み合います。

東京タワーの場合、足もとに四本の大きな
柱があり、真上から見ると足もとが正方形に
なっています。柱と柱の間のきょりは、九五
メートルもあり、高さ三三三メートルのタワ
ーを四本の柱がしっかりとささえています。

① せの高いタワーが安定するためにはどんなこ
とが有利ですか。

（　　　　　　　　　　　　　　　　）

② □ に入る言葉を選んで○をつけましょう。

（　　）例えば
（　　）逆に
（　　）なぜなら

③ タワーの安定を説明するために何の例をあげ
ていますか。

（　　　　　　　　　　　　　　　　）

一方、東京スカイツリーは、東京タワーの二倍近くの高さがあるのですが、この細長い土地では、足もとの正方形の一辺の長さは約六〇メートルしか取れません。このきびしい条件の中で、どうやって安全なタワーを建てられるのか、設計者たちはけんとうを重ねました。

設計者たちが、いくつものもけいを作り、話し合いを重ねたところ、足もとを正三角形にすれば一辺の長さが約六八メートルと、四角形にするよりも一辺あたり八メートル長く取れることが分かりました。それで、このタワーの足もとは世界でもめずらしい正三角形になっているのです。

瀧井 宏臣『みんなと学ぶ 小学校国語 五年上』学校図書

④ きびしい条件とは何ですか。正しい文を選んで〇をつけましょう。

（　）建設の費用がかかりすぎること。

（　）細長い土地で柱のきょりが十分にとれないこと。

（　）工事の期間があまりないこと。

⑤ 表の空いているところに、数字や言葉を入れましょう。

	高さ（m）	一辺の長さ（m）	足もとの形
電波とう			
東京タワー			
東京スカイツリー	六三四	約	

⑥ よく調べたり考えたりするという意味の言葉を文中からさがしましょう。

（　　　　）

次の文章を読んで後の問いに答えましょう。

東京スカイツリーの本体は、大きく分けると、外側の「とう体」、いちばん内側にある「心柱」、とう体と心柱の間の鉄骨づくりの「シャフト」の三つの部分から成り立っています。

中心にある「心柱」は、鉄筋コンクリートでできた大きな柱のようなものですが、実は、この心柱はタワーの中でつるされていて、心柱ととう体はつながっていません。とう体の中にすきまをつくり、建物と心柱のおもりのゆれのタイミングをずらすことで、建

① 東京スカイツリーの本体は何から成り立っていますか。

（　　　　　）（　　　　　）（　　　　　）

② 心柱は何でできていますか。

（　　　　　）

③ 建物と心柱のおもりのゆれのタイミングをずらすとどうすることができますか。

（　　　　　）（　　　　　）

180

物のゆれを小さくすることができるようにしているのです。

ところで、古い昔に建てられた、奈良の法隆寺や日光東照宮などの五重のとうにも「心柱」がありますが、おどろいたことに、現在まで地しんでたおれた記録がありません。東京スカイツリーの心柱は、昔の建て方をヒントに、新しい技術でつくられているのです。

また、高いタワーを安定して建てるには、建物自体を軽くすることも重要です。いちばん外側にある「とう体」は、鉄柱をあみの目のようにふくざつに組み合わせたように見えますが、これらの一つ一つは、鉄柱ではなく中が空洞の鋼管でできています。

瀧井 宏臣『みんなと学ぶ 小学校国語 五年上』学校図書

④ 心柱がある、古い昔に建てられたものにはどんなものがありますか。

（　　　）や（　　　）。

⑤ 問題を解く手がかりという意味の言葉を文中からさがして書きましょう。

（　　　）

⑥ 心柱とともに、高いタワーを安定して建てるのに重要なことは何ですか。

（　　　）

名前

月　日

① もとの文章と、現代の書き方に直した文章を
読んで答えましょう。

② 上の文章の続きです。読んで答えましょう。

春はあけぼの。

やうやう白くなりゆく山ぎは、

すこし明かりて、紫だちたる

雲の細くたなびきたる。

春は、夜明け。

だんだん白くなっていく山際の空が、

ほのかに明るくなって、紫がかった雲が

細くたなびいている。

夏は夜。

月のころはさらなり、

闇もなほ、

蛍の多く飛びちがひたる。

また、ただ一つ二つなど、

ほのかに、うち光り行くもをかし。

雨など降る夜もをかし。

① 季節は、いつですか。（　）

② 次の言葉は、現代ではどういう意味になるでしょう。

あけぼの　（　）（　）（　）
やうやう
明かりて　（　）（　）（　）

③ 春は、いつがいいといっていますか。次の中から選んで〇をつけましょう。

夜明け（　）　夕ぐれ（　）　（　）

現代の書き方と
よく見比べよう

夏は夜。
月の出ているころは言うまでもない。
やみの夜もやはり、
ほたるがたくさん飛びかっているのも、
また、ほんの一つ二つとかすかに光って
動いていくのもあじわいがある。
雨が降る夜も、あじわいがある。

① 季節は、いつですか。（　）

② 次の言葉は、現代ではどういう意味になるでしょう。

さらなり　（　）（　）（　）
ほのかに
をかし　　（　）（　）（　）

③ 夏は、いつがいいといっていますか。次の中から選んで〇をつけましょう。

昼（　）　夜（　）　（　）

① もとの文章と、現代の書き方に直した文章を読んで答えましょう。

② 上の文章の続きです。読んで答えましょう。

秋は夕暮れ。

夕日のさして、山の端いと近うなりたるに、烏の寝どころへ行くとて、三つ四つ、二つ三つなど、飛びいそぐさへあはれなり。まいて、雁などの列ねたるが、いと小さく見ゆるは、いとをかし。日入りはてて、風の音、虫の音など、はた言ふべきにあらず。

冬はつとめて。

雪の降りたるは言ふべきにあらず、霜のいと白きも、またさらでもいと寒きに、火など急ぎおこして、炭もて渡るもいとつきづきし。昼になりて、ぬるくゆるびもていけば、火桶の火も白き灰がちになりてわろし。

秋は夕暮れ。
夕日が照って、山のはしにたいそう近くなったころに、からすがねぐらへ帰ろうとして、三つ四つ、二つ三つ群れて飛びいそぐすがたまでがしみじみとしたおもむきを感じさせる。
まして、かりが連なっているのが、たいそう小さく見えるのは、ほんとうにいっそう風情がある。
日がすっかりしずんでしまって、聞こえる風の音や虫の声は、これもまたなんとも言いようがない。

① 季節は、いつですか。（　　　）

② 秋は、いつがいいといっていますか。次の中から選んで○をつけましょう。
早朝（　　　）　夕ぐれ（　　　）

冬は早朝。
雪が降っている朝は言うまでもなく、霜がたいそう白い朝も、またそうでなくてもたいそう寒い朝に、火などを急いでおこして炭を持って運ぶのもたいそうにつかわしい。
昼になって、寒さがだんだんゆるんでいくと、火ばちの火も白い灰ばかりになってよくない。

① 季節は、いつですか。（　　　）

② 冬は、いつがいいといっていますか。次の中から選んで○をつけましょう。
早朝（　　　）　夕ぐれ（　　　）

名前

月　　日

● もとの文章と、現代（げんだい）の書き方に直した文章を読んで答えましょう。

つれづれなるままに、

日暮（ひぐ）らし、すずりに向かひて、①（　）

心にうつりゆく

よしなしごとを、

そこはかとなく書きつくれば、

あやしうこそ（しゅう）

②（　）

ものぐるほしけれ。

(3) 次の部分は、現代ではどういう意味になるでしょう。

つれづれなるままに（　　　　）

心にうつりゆく（　　　　）

そこはかとなく（　　　　）

186

何もすることがないまま、
一日中、すずりに向かって、
心に次々にうかんでくる
とりとめもないことを、
気ままに書いていくと
異常（いじょう）なほど
気が変になってくる。

(1) 文中の①を現代かなづかいに直します。□から選んで（　）に書きましょう。

お　い

(2) 文中の②を現代かなづかいに直します。□から選んで（　）に書きましょう。

お　う

(4) 次のような現代の言葉を、もとの文章ではどのように書いているでしょう。

一日中（　）

とりとめもないこと（　）

異常なほど（　）

(5) 古典の作品とその作者を線で結びましょう。

枕草子（まくらのそうし）・・清少納言（せいしょうなごん）

方丈記（ほうじょうき）・・兼好法師（けんこうほうし）

徒然草（つれづれぐさ）・・鴨長明（かものちょうめい）

おつかれさま！
よくがんばったね

学力の基礎をきたえどの子も伸ばす研究会

HPアドレス　http://gakuryoku.info/

常任委員長　岸本ひとみ
事務局　〒675-0032 加古川市加古川町備後 178-1-2-102 岸本ひとみ方 ☎・Fax 0794-26-5133

① めざすもの

　私たちは、すべての子どもたちが、日本国憲法と子どもの権利条約の精神に基づき、確かな学力の形成を通して豊かな人格の発達が保障され、民主平和の日本の主権者として成長することを願っています。しかし、発達の基盤ともいうべき学力の基礎を鍛えられないまま落ちこぼれている子どもたちが普遍化し、「荒れ」の情況があちこちで出てきています。

　私たちは、「見える学力、見えない学力」を共に養うこと、すなわち、基礎の学習をやり遂げさせることと、読書やいろいろな体験を積むことを通して、子どもたちが「自信と誇りとやる気」を持てるようになると考えています。

　私たちは、人格の発達が歪められている情況の中で、それを克服し、子どもたちが豊かに成長するような実践に挑戦します。

　そのために、つぎのような研究と活動を進めていきます。
　　①　「読み・書き・計算」を基軸とした学力の基礎をきたえる実践の創造と普及。
　　②　豊かで確かな学力づくりと子どもを励ます指導と評価の探究。
　　③　特別な力量や経験がなくても、その気になれば「いつでも・どこでも・だれでも」ができる実践の普及。
　　④　子どもの発達を軸とした父母・国民・他の民間教育団体との協力、共同。

　私たちの実践が、大多数の教職員や父母・国民の方々に支持され、大きな教育運動になるよう地道な努力を継続していきます。

② 会　　員

・本会の「めざすもの」を認め、会費を納入する人は、会員になることができる。
・会費は、年 4000 円とし、7 月末までに納入すること。①または②

①郵便振替　口座番号　00920-9-319769　名　称　学力の基礎をきたえどの子も伸ばす研究会	②ゆうちょ銀行　店番099　店名〇九九店　当座0319769

・特典　研究会をする場合、講師派遣の補助を受けることができる。
　　　　大会参加費の割引を受けることができる。
　　　　学力研ニュース、研究会などの案内を無料で送付してもらうことができる。
　　　　自分の実践を学力研ニュースなどに発表することができる。
　　　　研究の部会を作り、会場費などの補助を受けることができる。
　　　　地域サークルを作り、会場費の補助を受けることができる。

③ 活　　動

　全国家庭塾連絡会と協力して以下の活動を行う。
・全 国 大 会　全国の研究、実践の交流、深化をはかる場とし、年 1 回開催する。通常、夏に行う。
・地域別集会　地域の研究、実践の交流、深化をはかる場とし、年 1 回開催する。
・合宿研究会　研究、実践をさらに深化するために行う。
・地域サークル　日常の研究、実践の交流、深化の場であり、本会の基本活動である。
　　　　　　　　可能な限り月 1 回の月例会を行う。会場費の補助を受けることができる。
・全国キャラバン　地域の要請に基づいて講師派遣をする。

全 国 家 庭 塾 連 絡 会

① めざすもの

　私たちは、日本国憲法と教育基本法の精神に基づき、すべての子どもたちが確かな学力と豊かな人格を身につけて、わが国の主権者として成長することを願っています。しかし、わが子も含めて、能力があるにもかかわらず、必要な学力が身につかないままになっている子どもたちがたくさんいることに心を痛めています。

　私たちは学力研が追究している教育活動に学びながら、「全国家庭塾連絡会」を結成しました。

　この会は、わが子に家庭学習の習慣化を促すことを主な活動内容とする家庭塾運動の交流と普及を目的としています。

　私たちの試みが、多くの父母や教職員、市民の方々に支持され、地域に根ざした大きな運動になるよう学力研と連携しながら努力を継続していきます。

② 会　　員

　本会の「めざすもの」を認め、会費を納入する人は会員になれる。
　会費は年額 1000 円とし（団体加入は年額 2000 円）、8 月末までに納入する。
　会員は会報や連絡交流会の案内、学力研集会の情報などをもらえる。

事務局　〒564-0041　大阪府吹田市泉町 4-29-13　影浦邦子方 ☎・Fax 06-6380-0420
郵便振替　口座番号　00900-1-109969　　名称　全国家庭塾連絡会

国語習熟プリント　小学5年生

2020年8月30日　　発行

- -

著　者　松井　憲三

編　集　金井　敬之

発行者　面屋　尚志

企　画　フォーラム・A

発行所　清風堂書店

　　　〒530-0057　大阪市北区曽根崎2-11-16

　　　TEL 06-6316-1460／FAX 06-6365-5607

振　替　00920-6-119910

- -

制作編集担当　樫内　真名生

表紙デザイン　ウエナカデザイン事務所

※乱丁・落丁本はおとりかえいたします。

国語5年生 習熟プリント

答え

答え方のワンポイントアドバイスつき！

送りがな①

● 次の漢字の送りがなを（　）に書きましょう。

名前

月　日

① 任（せる）　まかせる
② 慣（れる）　なれる
③ 絶（える）　たえる
④ 寄（せる）　よせる
⑤ 破（る）　やぶる
⑥ 示（す）　しめす
⑦ 述（べる）　のべる
⑧ 確（かめる）　たしかめる
⑨ 現（れる）　あらわれる
⑩ 留（める）　とめる
⑪ 許（す）　ゆるす
⑫ 保（つ）　たもつ
⑬ 支（える）　ささえる
⑭ 快（い）　こころよい
⑮ 燃（える）　もえる
⑯ 再（び）　ふたたび
⑰ 増（える）　ふえる
⑱ 混（ぜる）　まぜる
⑲ 勢（い）　いきおい
⑳ 厚（い）　あつい
㉑ 独（り）　ひとり
㉒ 率（いる）　ひきいる
㉓ 導（く）　みちびく
㉔ 比（べる）　くらべる
㉕ 測（る）　はかる
㉖ 務（める）　つとめる
㉗ 備（える）　そなえる
㉘ 久（しい）　ひさしい

⑧⑨⑭㉓は特に
まちがえやすいよ。
できたらすごい！

送りがな②

① 次の言葉で、送りがなの正しい方に○をつけましょう。

名前

月　日

①
（○）飲み水
（　）飲水

②
（○）種明し
（　）種明かし

③
（○）間近
（　）間近か

④
（○）氷水
（　）氷り水

⑤
（　）切口
（○）切り口

⑥
（　）話合い
（○）話し合い

⑦
（○）落し物
（　）落とし物

⑧
（○）行き止り
（　）行き止まり

⑨
（○）短い文
（　）短かい文

② 次の漢字の送りがなを（　）に書きましょう。

① 志（す）　こころざす
② 易（しい）　やさしい
③ 責（める）　せめる
④ 逆（らう）　さからう
⑤ 険（しい）　けわしい
⑥ 築（く）　きずく
⑦ 構（える）　かまえる
⑧ 設（ける）　もうける
⑨ 迷（う）　まよう
⑩ 営（む）　いとなむ
⑪ 耕（す）　たがやす
⑫ 暴（れる）　あばれる

かなづかい①

名前　　　月　日

① 次の漢字の読みがなを書きましょう。

① 地上（ちじょう）
② 地面（じめん）
③ 知事（ちじ）
④ 鼻血（はなぢ）
⑤ 血豆（ちまめ）
⑥ 政治（せいじ）
⑦ 治水（ちすい）
⑧ 人質（ひとじち）
⑨ 軽重（けいじゅう／けいちょう）
⑩ 布地（ぬのじ）
⑪ 中心（ちゅうしん）
⑫ 顔中（かおじゅう）
⑬ 底力（そこぢから）
⑭ 重力（じゅうりょく）
⑮ 近々（ちかぢか）

② 次の漢字の読みがなで、正しい方に○をつけましょう。

① 図表 （　）づひょう （○）ずひょう
② 地図 （　）ちづ （○）ちず
③ 気付く （○）きづく （　）きずく
④ 続く （○）つづく （　）つずく
⑤ 常々 （○）つねづね （　）つねずね
⑥ 頭上 （○）ずじょう （　）づじょう
⑦ 世界中 （○）せかいじゅう （　）せかいちゅう
⑧ 三日月 （○）みかづき （　）みかずき
⑨ 手作り （○）てづくり （　）てずくり
⑩ 小包み （○）こづつみ （　）こずつみ

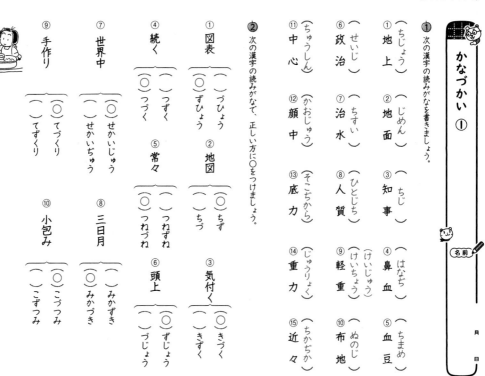

かなづかい②

名前　　　月　日

次の文で、かなづかいがまちがっている文字の右側に線を引き、書き直しましょう。

① おとおとわ、いもおとと せえくらべを した。
② きょう、ぼくは、とおくの まちえ 行った。
③ おおきい こおりお ちいさく わろお。
④ おとおさんは、こおじょおえ はたらきに いつて いる。
⑤ おぢさんわ、とても まづしい くらしお して いました。
⑥ ずこうの ぢかんに おおぎの えお かいた。
⑦ おねえさんは、ええごを ならって います。
⑧ わたしの ゆうとうりに すると まちがいわ ない。
⑨ 「こんにちわ、よおこそ おこし くださいました。」
⑩ きのお、うんどうかいで つまづいて しまった。

敬語①

名前

月　日

① 敬語には、三種類の言い方があります。次の①～③の言い方は何ですか。
　　から選んで記号を書きましょう。

① 相手や会話の中の人をうやまい、高める気持ちを表す言い方。
（例）来られる、お読みになる、ご出発になる、いらっしゃる、なさる
（ア）

② 自分がへりくだることで、相手をうやまう気持ちを表す言い方。
（例）お聞きいたします、お伝え申し上げる、
さしあげる、いただく、うかがう、お目にかかる
（ウ）

③ 会話のときなど、話し手がていねいな気持ちを表す言い方。
（例）～です、～ます、ございます、お米、ご本
（イ）

ア 尊敬語　　イ ていねい語　　ウ けんじょう語

② ①～⑥の文で、――の言葉は、①のア・イ・ウのどれにあたりますか。記号を書きましょう。

① 父の友人が、今日いらっしゃるそうです。
② ぼくは、昨日えい画を見に行きました。
③ 先生から年賀状をいただきました。
④ 外国の首相が日本の絵をごらんになった。
⑤ 校長先生の荷物をお持ちしました。
⑥ お客様がお帰りになった。

ア　ウ　ア　ウ　イ　ア

目上の人の行動が敬語になるのが尊敬語で、
目上の人に対する自分の行動が敬語になるのがけんじょう語だよ

敬語②

名前

月　日

① 次の文の敬語の意味で、正しいものに○をつけましょう。

① 先生が仕事をなさった。
（　）やめた。
（○）した。
（　）なくした。

② 王様が静かにおっしゃった。
（　）おりた。
（○）言った。
（　）おがんだ。

③ わたしがすぐにまいります。
（○）行きます。
（　）まっています。
（　）まってしまいます。

② 次の文に合うように、――の言葉を尊敬語かけんじょう語に書き直しましょう。

① 先生が、ぼくの作品を見た。
② 校長先生に、自分の考えを言った。
③ おぼうさんが、お寺に帰ってきた。
④ 友人の母親からケーキをもらった。
⑤ 先生が、勉強の仕方を教えてくれた。
⑥ お医者さんにご都合をたずねた。
⑦ 校長先生が、ご自分の考えを言った。
⑧ お客様にお茶を出した。

ごらんになった（見られた）
申し上げた
お帰りになった（帰られた）
いただいた
くださった
うかがった（お聞きした）
おっしゃった（言われた）
お出しした

れる・られるには尊敬の意味もあるよ

4

慣用句 ①

名前　　　　　　　月　日

① ①～④の意味になる慣用句を、□から選んで（ ）に記号を書きましょう。

① おしゃべりで時間を使う （ イ ）
② きびしく責める （ エ ）
③ 仕事に調子が出る （ ア ）
④ 他人の感情などに働きかけて、いっそうさかんにする （ ウ ）

> ア あぶらがのる
> イ あぶらを売る
> ウ あぶらをそそぐ
> エ あぶらをしぼる

② ①～⑧の意味になる慣用句を、□から選んで（ ）に記号を書きましょう。

① 頭が上がらない （ イ ）
② 頭が下がる （ ウ ）
③ 頭が低い （ ク ）
④ 頭をかかえる （ ア ）
⑤ 頭をかく （ カ ）
⑥ 頭をもたげる （ キ ）
⑦ 頭が切れる （ オ ）
⑧ 頭をひねる （ エ ）

> ア よい考えがうかばずに、考えこむ
> イ 相手のほうが力が上で、いばれない
> ウ 感心させられる
> エ あれこれ工夫しながら考える
> オ 頭の回転が速い
> カ 失敗して、てれたりはずかしがる様子
> キ かくれていた物事や考えなどが表面に出てくる
> ク 他人に対しててていねいである

慣用句 ②

名前　　　　　　　月　日

次の①～⑱は、体の部分を使った慣用句です。（ ）にあてはまる言葉を□から選んで書きましょう。

① （のど）から手が出るほどほしい。
② 失敗して（かた）を落とす。
③ （足）がぼうになるほどつかれた。
④ 仕事に（手）を貸してあげる。
⑤ あまりの大金に（目）がくらんだ。
⑥ 成績が良いので（鼻）が高い。
⑦ おしゃべりで（口）の軽い人だ。
⑧ おばけを見て（こし）がぬけた。
⑨ 感心して（ひざ）を打つ。
⑩ あまりのすごさに（した）をまく。
⑪ （耳）にたこができるほど聞いた。
⑫ おれの（顔）をつぶす気か！
⑬ はてな、と（首）をかしげる。
⑭ 最近、料理の（うで）をあげた。
⑮ 希望に（むね）をふくらませる。
⑯ むずかしすぎて（歯）が立たない。
⑰ どなられて（きも）を冷やした。
⑱ 少しの練習だけで（あご）を出した。

> 顔　目　耳　鼻　口　した　あご　のど　うで　首
> むね　歯　きも　足　手　ひざ　こし　かた

へとへとになると、前かがみのしせいになるね

熟語③

① 次の漢字と意味の似た漢字を、□の中から選んで、熟語を作りましょう。

名前　月　日

```
い
易　望　林　富　立　築　産　石　物
```

① 岩 — 石
② 希 — 望
③ 生 — 産
④ 起 — 立
⑤ 建 — 築
⑥ 森 — 林
⑦ 品 — 物
⑧ 容 — 易
⑨ 豊 — 富

② □の中の漢字から、意味の似た二字を選んで熟語を作りましょう。

学習
救助
守護
知識
消失

身体
連続
児童
順序

※順不同

```
習　体　識　連　失　学
守　続　序　護　助　身
順　知　消　児　童　救
```

対義語

① 次の言葉の対義語を書きましょう。

名前　月　日

① 始まる — 終わる
② 深い — 浅い
③ 遠い — 近い
④ 借りる — 貸す
⑤ 勝つ — 負ける
⑥ 熱い — 冷たい
⑦ からい — あまい
⑧ 有る — 無い
⑨ 進む — 退く
⑩ 増える — 減る

② 次の□の中に対義語になるよう、□の中から一字選んで書きましょう。

① 良質 — 悪質
② 長所 — 短所
③ 朝日 — 夕日
④ 暗算 — 筆算
⑤ 上手 — 下手
⑥ 一部 — 全部
⑦ 有利 — 不利
⑧ 音読み — 訓読み
⑨ 直接 — 間接
⑩ 晴天 — 雨天

```
長　朝　悪　上　有　直　暗　晴　短　良
不　間　筆　一　音　夕　下　全　訓　雨
```

※順不同

① 類義語

次の熟語の類義語を ‥‥ から選んで □ に書きましょう。

名前

月 日

① 用心 　注意

③ 賛成 　同意

⑤ 短所 　欠点

⑦ 案外 　意外

⑨ 首府 　首都

② 静養 　安静

④ 自然 　天然

⑥ 返事 　返答

⑧ 結果 　結末

⑩ 光景 　風景

注意　結末
首都　天然
風景　返答
意外　安静
同意
欠点

② 次の熟語の類義語に○をつけましょう。

① 永久
（　）永年
（○）永遠

③ 発達
（　）達成
（○）進歩

⑤ 性質
（○）特性
（　）性格

⑦ 基本
（○）根本
（　）本来

② 成長
（○）発育
（　）成功

④ 勝負
（　）勝利
（○）勝敗

⑥ 代金
（　）貯金
（○）料金

⑧ 名人
（○）名手
（　）有名

● 同音異義語 ①

次の文に合う熟語を □ に書きましょう。

名前

月 日

① 意志 の強い人。
医師 に薬をもらった。

③ 天気は 快晴 だ。
規則を 改正 する。

⑤ 問題の 解答 を教える。
質問に 回答 する。

⑦ 感性 が豊かだ。
工作が 完成 する。

⑨ 正しいことを 証明 する。
照明 を明るくする。

② 園芸 植物
演芸 大会

④ 試合を 再開 する。
久しぶりに 再会 した。

⑥ 部下に 指示 する。
とう芸家に 師事 する。

⑧ 大量 の水を運ぶ。
サンマの 大漁 だ。

⑩ 衛星 放送
衛生 検査

同音異義語②

次の熟語や文に合う漢字を□に書きましょう。

名前

月　日

① 校庭を 開放 する。
　病状が 快方 に向かう。

② 親友と 絶交 する。
　絶好 の機会だ。

③ 植物 採集
　連休の 最終 日

④ 賛成 意見
　酸性 雨

⑤ 容量 の大きいコップ
　要領 を得ない。

⑥ 生命 保険
　保健 室

⑦ 厚い紙
　熱い湯
　暑い夏

⑧ 重さを 量る。
　深さを 測る。

⑨ 紙が 破れる。
　試合に 敗れる。

⑩ 対照 的な意見
　子どもを 対象 にする。

熟字訓

① 熟語（熟字）の特別な読み方のことを熟字訓と言います。次の読み方をする熟語を書きましょう。

名前

月　日

① 二人（ふたり）
② 下手（へた）
③ 景色（けしき）
④ 二日（ふつか）
⑤ 迷子（まいご）
⑥ 八百屋（やおや）
⑦ 博士（はかせ）
⑧ 一日（ついたち）
⑨ 清水（しみず）
⑩ 今年（ことし）
⑪ 明日（あす）
⑫ 今日（きょう）

② 次の言葉の熟字訓を書きましょう。

① 昨日（きのう）
② 今朝（けさ）
③ 二十日（はつか）
④ 河原（かわら）
⑤ 果物（くだもの）
⑥ 上手（じょうず）
⑦ 眼鏡（めがね）
⑧ 真っ青（ま）（さお）
⑨ 一人（ひとり）
⑩ 手伝う（てつだ）
⑪ 友達（ともだち）
⑫ 真っ赤（ま）（か）
⑬ お父さん（とう）
⑭ お母さん（かあ）
⑮ お兄さん（にい）
⑯ お姉さん（ねえ）

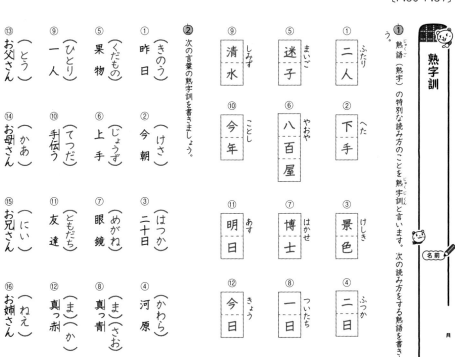

ことわざ

名前

月　日

① 次のことわざには、動物の名前が入ります。下から選んで 　 に記号で書きましょう。

① とらぬ 　オ　 も木から落ちる

② 　カ　 も木から落ちる

③ 立つ 　エ　 あとをにごさず

④ 能ある 　イ　 はつめをかくす

⑤ 　ウ　 の耳に念仏

⑥ やぶをつついて 　ア　 を出す

```
ア　へび
イ　たか
ウ　馬
エ　鳥
オ　たぬき
カ　さる
```

② ①～⑧のことわざと、下の意味が合うように、線で結びましょう。

① 情けは人のためならず

② えんの下の力もち

③ しゅに交われば赤くなる

④ 七転び八起き

⑤ 急いては事を仕損ずる

⑥ 三人寄れば文じゅの知え

⑦ 石の上にも三年

⑧ 失敗は成功のもと

・人はそのかん境によって、良くも悪くもなるということ。

・何度失敗してもあきらめず、最後までやりとおすこと。

・他人に親切にしていると、めぐりめぐって自分に返ってくること。

・苦しいことでもがまん強く努力すれば、いいことがあるということ。

・他人には目立たないところで、人のために働くこと。

・失敗することは、次に成功するために、むだにはならないということ。

・あまり急いであわててやると失敗するということ。

・みんなでよく考えると、いい考えが生まれるということ。

漢字の成り立ち

名前

月　日

① 漢字は中国から伝わったものですが、国字（こくじ・和字）といって、伝えられた後に日本で意味を合わせて作られた漢字もあります。次の国字の意味を考えて、合う読みを選んで書きましょう。

① 峠（とうげ）

② 凩（こがらし）

③ 躾（しつけ）

④ 雫（しずく）

⑤ 畑（はたけ）

⑥ 颪（おろし）

⑦ 凪（なぎ）

⑧ 鰯（いわし）

```
こがらし　なぎ　おろし　はたけ
いわし　しつけ　しずく　とうげ
```

へんや部首に注目すると見えてくるよ

② 漢字の成り立ちには次の四つがあります。上と下を線で結び、それに合う漢字を 　 から二つずつ選んで書きましょう。

① 形声（けいせい）　・　・物の形をそのままかたどった文字。

② 象形（しょうけい）　・　・絵で表すことのできないことがらを、点や線などで表した文字。

③ 指事（しじ）　・　・二つ以上の漢字を組み合わせて、新しい意味を表すようにした文字。

④ 会意（かいい）　・　・意味を表す部分と、音を表す部分とを組み合わせて作った文字。

```
鳥　本　男　校　火　下　岩　花
```

校	男	本	鳥
花	岩	下	火

国語辞典

名前　　　　月　日

① 小学生用国語辞典を引くとき、次の二つの言葉のうち、先に出てくる方に○をつけましょう。

① （　）あぶら　（○）あひる
② （　）じゅう　（○）じゆう
③ （○）ボール　（　）ボール
④ （○）でんとう　（　）てんとうむし
⑤ （○）セーター　（　）せいねん
⑥ （○）コーヒー　（　）こおり

② 次の文に最も適切な意味を選んで、その番号を書きましょう。

(1) あかるい【明るい】
① 光りがさして物がよく見える。
④ そのことにくわしい。
② 色があざやか。
⑤ 性格などにうら表がない。

父は、アメリカの地理にとても明るい。
かれは、明るい顔で友達と話をしていた。

③④

(2) とおる【通る】
① はしからはしまでとどく。
④ つらぬいて向こうに行く。
⑦ わかる。
⑤ 知れわたる。
⑧ 議案が可決される。
③ 通行する。
② みとめられる。
⑨ 合格する。
⑥ 室内に入る。

話し合いで、わたしたちの要求が通った。
わたしは、はりに糸を通すのが上手です。
ぼくの家の前の道は、よく大きな車が通る。
あの人は、よく意味の通った文章を書く。
あの人は、名の通った子どもだ。

⑦⑤③②④

漢字辞典

名前　　　　月　日

① 漢字辞典には、三種類の引き方があります。次の場合に合う引き方を選んで記号を書きましょう。

① 漢字の読み方がわかっているとき　（イ）
② 漢字の部首がわかっているとき　（ア）
③ 「経」が「ケイ」という読み方をすることがわかっているとき　（イ）
④ 「経」の部首が、「いと(へん)」ということがわかっているとき　（ア）
⑤ 「経」の読み方も部首もわからないとき　（ウ）

ア 部首引き　イ 音訓引き　ウ 総画引き

② 次の漢字の部首を□に、部首名を（　）に書きましょう。

部首　　　部首名
① 億　亻　（にんべん）
② 枝　木　（きへん）
③ 副　刂　（りっとう）
④ 墓　土　（つち(つちへん)）
⑤ 然　灬　（れんが(れっか)）
⑥ 設　言　（ごんべん）

③ 次の漢字の音読みを片仮名で書き、総画数を漢数字で書きましょう。

音読み　　総画数
① 易　（イ）（エキ）　（八画）　※順不同
② 升　（ベン）　（五画）
③ 率　（リツ）　（十一画）
④ 興　（キョウ）（コウ）　（十六画）　※順不同

漢語と和語

① 漢語と和語の意味を選んで記号で書きましょう。

① 漢語（イ・ウ）

② 和語（ア・エ）

　ア　漢字で書いてあっても「訓」で読む言葉。
　イ　漢字を「音」で読む言葉。
　ウ　古くに中国から日本に入った言葉。
　エ　もともと日本にあった言葉。

② ___ の言葉を漢語と和語に分け、記号で書きましょう。

　ア　朝顔　　イ　雨天　　ウ　空耳　　エ　約束
　オ　夜中　　カ　植物　　キ　板前　　ク　横転
　ケ　北風　　コ　屋上　　サ　空気　　シ　川岸

※順不同

漢語	①	イ	エ	カ	ク	コ	サ
		ウ					
和語	②	ア	オ	キ	ケ	シ	

③ 次の文の___の漢語を和語に言いかえ、平仮名で書きましょう。

（例）旅行に出て、旅館で飲食した。
　　　（たび）　　　（やどや）（のんでたべた）

① 転居した部屋を整理して、友達を招待した。
　（ひっこし）　　（かたづけて）　　（まねいた）

② あの道路を横断するときにはじゅうぶん注意しなさい。
　　　　（みち）　　（よこぎる）　　　（きをつけ）

④ 次の文の___の和語を漢語に言いかえ、漢字で書きましょう。

① 話し合いで決まったことを正しく知らせる。
　（相談）（会議）（決定した）（正確に）（報告する）

② 荷物を定められた時間に配られることを望む人が増えた。
　（指定された）（配達される）（希望する）（増加した）

あとの文に続くように書こう

ローマ字①

🍎 次の平仮名を、訓令式のローマ字で書きましょう。

| あ | い | う | え | お | | か | き | く | け | こ |
| a | i | u | e | o | | ka | ki | ku | ke | ko |

| さ | し | す | せ | そ | | た | ち | つ | て | と |
| sa | si | su | se | so | | ta | ti | tu | te | to |

| な | に | ぬ | ね | の | | は | ひ | ふ | へ | ほ |
| na | ni | nu | ne | no | | ha | hi | hu | he | ho |

| ま | み | む | め | も | | や | ゆ | よ |
| ma | mi | mu | me | mo | | ya | yu | yo |

ら	り	る	れ	ろ		わ	を	ん
ra	ri	ru	re	ro		wa	o	n
							(wo)	

| が | ぎ | ぐ | げ | ご | | ざ | じ | ず | ぜ | ぞ |
| ga | gi | gu | ge | go | | za | zi | zu | ze | zo |

| だ | ぢ | づ | で | ど | | ば | び | ぶ | べ | ぼ |
| da | di | du | de | do | | ba | bi | bu | be | bo |

| ぱ | ぴ | ぷ | ぺ | ぽ | | きゃ | きゅ | きょ |
| pa | pi | pu | pe | po | | kya | kyu | kyo |

| しゃ | しゅ | しょ | | ちゃ | ちゅ | ちょ |
| sya | syu | syo | | tya | tyu | tyo |

| にゃ | にゅ | にょ | | ひゃ | ひゅ | ひょ |
| nya | nyu | nyo | | hya | hyu | hyo |

| みゃ | みゅ | みょ | | りゃ | りゅ | りょ |
| mya | myu | myo | | rya | ryu | ryo |

| ぎゃ | ぎゅ | ぎょ | | じゃ | じゅ | じょ |
| gya | gyu | gyo | | zya | zyu | zyo |

| ぢゃ | ぢゅ | ぢょ | | びゃ | びゅ | びょ |
| zya | zyu | zyo | | bya | byu | byo |

| ぴゃ | ぴゅ | ぴょ |
| pya | pyu | pyo |

その調子！

「じゃ じゅ じょ」と「ぢゃ ぢゅ ぢょ」は音がいっしょだから
書き方もいっしょになるよ

① 次の平仮名を、ヘボン式のローマ字で書きましょう。

し　ち　つ　ふ
shichitsufu

じ　ぢ
ji ji

しゃ　しゅ　しょ
sha shu sho

ちゃ　ちゅ　ちょ
cha chu cho

じゃ　じゅ　じょ
ja ju jo

② 次の言葉をヘボン式のローマ字で書きましょう。

① 九州
kyûshû

② 新聞
shinbun

③ 羊
hitsuji

④ 時間
jikan

③ 次のヘボン式のローマ字を読んで平仮名で書きましょう。

① (あお)
ao

② (こい)
koi

③ (さかな)
sakana

④ (しゃしん)
shashin

⑤ (わし)
washi

⑥ (ちゃわん)
chawan

⑦ (つくえ)
tsukue

⑧ (やま)
yama

⑨ (ひゃく)
hyaku

⑩ (にゅういん)
nyûin

⑪ (ゆき)
yuki

へ…のばす記号

ローマ字②

名前

月
日

① 次のローマ字を読んで平仮名で書きましょう。

① (がっこう)
gakkô

② (りょかん)
ryokan

③ (てつ)
tetsu

④ (ふね)
fune

⑤ (しゃしん)
syashin

⑥ (ちゅうしゃ)
chûsha

⑦ (じゃがいも)
zyagaimo

⑧ (こんにゃく)
konnyaku

⑨ (ちょきん)
chokin

⑩ (じゅうどう)
jûdô

⑪ (　　もちつきをした。　　)
Mochitsuki o sita.

② 次の文をローマ字で書きましょう。訓令式・ヘボン式は問いません。また、文の最初の文字は大文字で書きましょう。

① 朝ごはん を 食べた。
Asagohan o tabeta.

② 公園 で 遊んだ。
Kôen de asonda.

③ お父さん と 駅 へ 行った。
Otôsan to eki e itta.

④ 赤い 花 が さいた。
Akai hana ga saita.

⑤ わたし は 元気 です。
Watasi wa genki desu.
(shi)

文をつなぐ「は」「を」「へ」は、音にならって「wa」「o」「e」と書きます。

ローマ字③

名前

月
日

名詞

名前　　月　日

ものごとの名前を表す言葉を「名詞」と言います。

《例》魚・希望・喜び・五ひき

① 次の文の——のうち、名詞にあたる言葉はどれですか。すべて記号で書きましょう。

① 夜に入り、雪がしんしんとふっています。
　ア　イ　ウ　エ
　（ア）
　（イ）

② 人類は永遠に生きていけるのだろうか。
　ア　イ　ウ
　（ア）
　（イ）
　（ウ）

③ 父はいつも願いをかなえてくれる。
　ア　イ　ウ　エ
　（ア）
　（イ）
　（ウ）

④ この絵の美しさは、わたしにはわかりにくい。
　ア　イ　ウ
　（ア）
　（イ）
　（ウ）

② 次の文にある名詞を書きましょう。

① ゆるやかな坂道を急いで下りた。
② 大きな公園に美しい花がさいた。
③ 真っ赤なりんごを一つだけ食べた。
④ 昨日、とんでもない出来事が起こった。
⑤ むねをわくわくさせながら会場に入った。

　坂道（　）
　公園（　）
　りんご（　）
　昨日（　）
　むね（　）
　花（　）
　一つ（　）
　出来事（　）
　会場（　）

③ 次の例のように、言葉の形を変えて名詞にしましょう。

《例》大きい　→　（大きさ）
① かざる　→　（かざり）
③ 動く　→　（動き）
⑤ やさしい　→　（やさしさ）
② 悲しい　→　（悲しさ〔み〕）
④ おおう　→　（おおい）
⑥ 作る　→　（作り）

動詞①

名前　　月　日

ものごとの動作や作用、いる・あるを表す言葉を「動詞」と言います。

《例》歩く・ふくらむ・ある

① 次の文中の（　）に、「乗る」という動詞を文が続く形にして書きましょう。

① 知らない人の車には（乗ら）ないようにしましょう。
② バスには順序よく（乗り）ましょう。
③ いつも同じ電車に（乗る）ことにしている。
④ ちこくしないようにはやく（乗れ）！
⑤ 待ち合わせて、同じ列車に（乗ろ）う。

② 次の文にある動詞を書きましょう。

① 庭に赤い大きな花がたくさんさいた。
② 美しい草原をすばやく走る馬。
③ 学校の屋上から海が見える。
④ 明日の算数の時間にテストがある。

　（さいた）
　（走る）
　（見える）
　（ある）

③ （　）の中の動詞を、文が続く形にして書きましょう。

① 〈行く〉　早く学校に（行か）なければならない。
② 〈帰る〉　雨がふってきたので、すぐに（帰ろ）うと思った。
③ 〈来る〉　一番に（来れ）ば、きっといいことがあるだろう。
④ 〈読む〉　本は明るいところで（読み）ましょう。

動詞②

名前　　　　　　　　　　　月　日

① 動詞の形が変化することを活用といいます。活用表の（　）に平仮名を書きましょう。

もとの形	「○○ない」に連なる	「○○ます」に連なる	言い切り	「○○とき」に連なる	「○○ば」に連なる	命令で言い切り
する	（し）ない	（し）ます	（する）	（する）とき	（すれ）ば	（しろ）
来る	（こ）ない	（き）ます	（くる）	（くる）とき	（くれ）ば	（こい）
出る	（で）ない	（で）ます	（でる）	（でる）とき	（でれ）ば	（でろ）（でよ）
落ちる	落（ち）ない	落（ち）ます	落（ちる）	落（ちる）とき	落（ちれ）ば	落（ちろ）
泳ぐ	泳（が）ない	泳（ぎ）ます	泳（ぐ）	泳（ぐ）とき	泳（げ）ば	泳（げ）

② 次の文の動詞を、右の活用表の「言い切り」の形に直しましょう。

① 体が大きくなって、去年の服が着られない。（着る　　）
② 友達には、ぼくが話しましょう。（話す　　）
③ このバスは、時こく表通りに着いたことがない。（着く　　）
④ のどがかわいていたので、お茶を飲んだ。（飲む　　）
⑤ もし明日晴れれば、キャンプに行く。（晴れる　　）
⑥ イチローの打った球は、とても速い。（打つ　　）
⑦ 「起きろ！」と毎朝起こされている。（起きる　　）
⑧ 宿題もせずに学校に来てしまった。（する　　）

君ならできる！

形容詞・形容動詞

名前　　　　　　　　　　　月　日

> ものごとの性質や様子を表す言葉で、言い切りの形が「〜い」で終わるものを、「形容詞」と言います。「〜だ」で終わるものを「形容動詞」と言います。
> （例）美しい・高い（形容詞）　静かだ・きれいだ（形容動詞）

① 次の文にある形容詞・形容動詞を書きましょう。

① 白いかべの家が続く町はのどかだ。（白い　）（のどかだ　）
② 深い川の水は、とても冷たい。（深い　）（冷たい　）
③ 河原には、丸い石や四角い石がある。（丸い　）（四角い　）
④ ぼくは魚が好きだが、弟はきらいだ。（好きだ　）（きらいだ　）
※順不同

② 次の文中の「赤い」という形容詞を、文に合う形にして書きましょう。

① 海で見た夕日は、とても（赤かっ　）た。
② 妹の服は、思っていたほど（赤く　）なかった。
③ この花は（赤けれ　）ば赤いほど美しく見える。
④ 太陽を（赤く　）ぬってしまう子どもが多い。
⑤ 秋には（赤い　）実をたくさんつける木がある。

③ 次の文の形容詞・形容動詞を言い切りの形にして書きましょう。

① はげしかった雨も止んで、静かです。（はげしい　）（静かだ　）
② さわやかな朝の旅立ちは、うれしかった。（さわやかだ　）（うれしい　）
③ 青く晴れた空は、きれいだった。（青い　）（きれいだ　）
※順不同

文の組み立て ①

名前　月　日

① 例のように、次の文の主語と述語をそれぞれ書きましょう。

《例》池の周りに桜が美しくさいた。
主語（桜が）　述語（さいた）

① 真っ赤な夕日が、水平線にしずんだ。
（夕日が）（しずんだ）

② 山の向こうの巣に、鳥たちは帰る。
（鳥たちは）（帰る）

③ 血管は、体の表面近くにもある。
（血管は）（ある）

④ シマウマの群れは、草原をゆっくり横切る。
（群れは）（横切る）

⑤ 父は、ある日ぐう然、先生に会った。
（父は）（会った）

② 次の文の主語には———、述語には〜〜を引きましょう。ただし、主語や述語をふくまない文もあります。

① 本屋のとなりには、とても大きな八百屋がある。

② そのとき弟は、そんけいのまなざしで父を見た。

③ うれしそうな、得意そうな顔をしているかれが、わたしをよんだ。

④ 畑で、大きなスイカが、思ったよりたくさんとれた。

③ 次の文の主語をさがして書きましょう。無いときは×をつけましょう。

主語　述語

① ぼくは、口では表せない、この美しさを。
（ぼくは）（表せない）

② もう、速く走ることは、できない。
（×）（できない）

③ とてもおいしいね、このラーメンは。
（ラーメンは）（おいしいね）

④ 先生は、今日はどちらへ行かれますか。
（先生は）（行かれますか）

だれ（何）が走れないのか、書いていないよ

文の組み立て ②

名前　月　日

文の組み立て方には、次のようなやり方があります。

ア 二つの文をならべて、一つの文にしたもの。
《例》雨がふり、風がふく。
主・述・主・述

イ 二つの文のうち、一方の文が他方の文をしたがえたもの。
《例》父は新聞を読んでいて、母はテレビを見ている。
主・述・主・述

わたしは、先生が話すのを聞いた。
したがった文・主文

山が燃えたといううわさは、村中に広まった。
したがった文・主文

● 次の文は、右に示したア・イのうちどちらですか。記号を書きましょう。

① お父さんが車の運転をして、ぼくは後ろの席に乗った。（ア）

② くまは、旅人がたおれるのをじっと待った。（イ）

③ 雨がふり、かみなりまで鳴り始めた。（ア）

④ わたしがお母さん役で、あなたがお父さん役よ。（ア）

⑤ ぼくが育てたハムスターは、クラスの人気ものになった。（イ）

⑥ 母は、わたしが元気になってとても喜んだ。（イ）

⑦ いつきさんは山へ行き、たつきさんは海へ行った。（ア）

⑧ ぼくのあこがれていた選手が、大活やくした。（イ）

文の組み立て ③

名前　　　　　月　　日

① 次の文中の述語（〜〜）に対する主語を書きましょう。

① もう夏は過ぎたのに、まだまだ暑さは変わらない。
（ 暑さは ）

② 男達は勇んで山へ出かけたし、女達は畑の世話をするのだった。
（ 女達は ）

③ 昨日、児童会が開かれ、重要な決定がなされた。
（ 決定が ）

④ りこさんは、妹が待っている公園へ出かけた。
（ りこさんは ）

② 次の文の組み立てを考え、□に言葉を書きましょう。

① アンは、川の水をくみに行った。

```
アン（だれは・主語）
　　　川の → 水を（何を）
　　　　　　くみに（何しに）
　　　　　　　　　行った（どうした・述語）
```

② 大工の山田さんが、となりの空き地に大きな家を建てた。

```
となりの（何の） → 空き地に（どこに）
大工の（何の） → 山田さんが（だれが・主語）
大きな（どんな） → 家を（何を）
　　　　　　　　　建てた（どうした・述語）
```

わかるところからうめていこう

文の組み立て ④

名前　　　　　月　　日

① 次の文の□で囲んだ部分を修飾している言葉を、例のように書きましょう。

〈例〉わたしは、大きな声でもっと歌いたい。
（ 大きな声で ）（ もっと ）

① 太陽が、赤く美しくかがやく。
（ 赤く ）（ 美しく ）

② 公園に大きな美しい花がさいている。
（ 大きな ）（ 美しい ）

③ 坂本さんは、つらそうな青い顔をしている。
（ つらそうな ）（ 青い ）

④ みんなは、いっせいに笑顔で入ってきた。
（ いっせいに ）（ 笑顔で ）

⑤ ぼくは、長い間友達を待った。
（ 長い間 ）（ 友達を ）

※順不同

② 同じ言葉でも、名詞を修飾する場合と動詞を修飾する場合で形が変わります。次の二つの文が同じ意味になるような言葉を書きましょう。

① あの先生は、いつも落ち着いて話す。
　あの先生は、いつも（ 落ち着いた ）話し方をする。

② この問題には きびしく 対応することが必要だ。
　この問題には（ きびしい ）対応することが必要だ。

③ まりさんは、さわやかな 生き方をしている。
　まりさんは、（ さわやかに ）生きている。

④ この部屋は、とても 暑い 感じがした。
　この部屋は、とても（ 暑く ）感じた。

指示語

名前　　　　　　月　日

① 次の文の──の言葉を、　　の指示語から選んで書きかえましょう。

① 今日、漢字テストがある。ぼくは漢字テストがあることは聞いていなかった。（ そんな ）
② 今日も校庭で野球をしている。校庭はとても広くて安全だ。（ ここ ）
③ 遠くに松の木が見えるね。松の木まで競争だ。（ あそこ ）
④ 母にプレゼントをもらった。プレゼントはわたしのほしかったものだ。（ これ ）

ここ　そんな　これ　あそこ

② 次の文の──の指示語は、何を指していますか。その部分に～～を引きましょう。

① 友達のたん生会で、小さなぬいぐるみをプレゼントしました。それは、わたしが一人で作ったものです。
② 公園のとなりにきれいな店があります。そこは、めずらしい文ぼう具を売っています。
③ 今日の算数のテストはむずかしかったが、その二番だけはよくわかった。
④ リレー大会で、転んで泣いてしまった。いつものことながら、そんな自分がいやになる。
⑤ 「食器を下げてよろしいですか。」「そうしてください。」

指示語はそれが指すところと入れかえることができます。

接続語

名前　　　　　　月　日

文と文をつなぐ言葉を「接続語」と言います。
（例）おなかがすいているのに、食べなかった。
　魚、あるいは肉を買ってきてくださいね。

① 次の文の（ ）に合う言葉を、　　から選んで書きましょう。

① すごくがんばった（ のに ）、負けてしまった。
② 休日は本を読んだり、ゲームをし（ たり ）する。
③ 気持ちを集中すれ（ ば ）、十分に勝てる。
④ テレビを見（ ながら ）、宿題をした。
⑤ いくら待ったとし（ ても ）、あの人は来ないだろう。

たり
ても
ば
ながら
のに

② 次の文の（ ）に合う接続語を、　　から選んで書きましょう。

① 朝から雨がふった（ けれど ）、午後からはきれいに晴れた。
　のて　けれど　し
② 夜空は晴れている（ ので ）星が出ている。
　のに　けれど　のに
③ やまとさんは、体も大きい（ し ）力も強い。
　のに　けれど　が
④ バス停まで走った。（ のに ）バスは出発していた。
　そこで　ところで　そして　しかし
⑤ しょう来はメジャーでプレーしたい。（ だから ）、少年野球を続けている。
　すると　ところが　だから　あるいは
⑥ わたしはサッカーが得意だ。（ また ）、たっ球も強い。
　また　ところで　すると　ただし

句読点とふ号①

名前　　　　月　日

文を書くときに使うふ号の意味と名前にあてはまるものを、□□□から選んで記号を書きましょう。

① 一つの文を完全に言い切ったところ　（ア）

② 名詞をいくつかならべるとき　（ウ）

③ 同じ漢字がくり返されるとき　（ク）

④ 会話、または語句を引用するとき　（オ）

⑤ 会話の中に、さらに語句を引用するとき　（カ）

⑥ 語句または文の次に、特に注意することを書き加えるとき　（エ）

⑦ 言葉を省略するとき　（キ）

⑧ 一つの文の中で、語句の切れ目のところ　（イ）

⑨ かぎ　（オ）

⑩ 句点　（ア）

⑪ 読点　（イ）

⑫ なか点　（ウ）

⑬ かっこ　（エ）

⑭ ダッシュ　（キ）

⑮ 二重かぎ　（カ）

⑯ かさね字　（ク）

ア．　イ、
ウ・　エ（　）
オ「　」カ『　』
キ――　ク々

句読点とふ号②

名前　　　　月　日

① 次の文の書き方で、最も正しいものに〇をつけましょう。

①（○）今日は、とても気持ちのよい天気です。

（　）今日は、とても、気持ちのよい、天気です。

（　）今日はとても、気持ちのよい天気です。

②（　）「先生おはようございます。」「おはよう田中さん。」

（　）「先生、おはようございます。」「おはよう田中さん。」

（○）「先生、おはようございます。」「おはよう、田中さん。」

② 次の文に、句点と読点を一つずつつけましょう。

① 村の小学校は、山のてっぺんにあった。

② ぼくの質問に、先生が答えてくださった。

③ 雨がふったので、でかけるのはやめた。

④ 悲しいことに、今でもたくさんの人が病気で死ぬ。

⑤ にわには、にわとりがあそんでいる。

③ 次の文にかぎ・二重かぎを一つずつつけましょう。

① 父さんの小さいころは、本をよく読んだよ。『赤毛のアン』とかね」と話していた。

② 父は「父さんの小さいころは、本をよく読んだよ。『赤毛のアン』とかね」と話していた。その日、先生は『エルマーのぼうけん』は、とてもおもしろい」と話し始めた。

敬体・常体

名前　　月　日

① 次の文の――の言葉を、敬体（ていねいな言い方）に書きかえましょう。

① こわい夢を見て、目がさめた。
（さめました　　　）

② リレーで一生けん命に走った。
（走りました　　　）

③ この写真は、とてもきれいに写っている。
（写っています　　）

④ 長い話も、もうすぐ終わりそうだ。
（終わりそうです　）

⑤ まじめに学習に取り組んでみよう。
（取り組んでみましょう）

⑥ ぼくは、そんなに上手に書けない。
（書けません　　　）

⑦ この資料は、とても大切なものだ。
（大切なものです　）

② 次の文の――の言葉を、常体（ふつうの言い方）に書きかえましょう。

① サッカーボールを強くけりました。
（けった　　　　　）

② 友達と遊園地で遊びました。
（遊んだ　　　　　）

③ この問題は、なかなかむずかしそうです。
（むずかしそうだ　）

④ 家でハムスターを二ひき飼っています。
（飼っている　　　）

⑤ 言いたいことがうまく伝わっていません。
（伝わっていない　）

⑥ あの日はとても暑い日でした。
（暑い日だった　　）

⑦ このジュースを全部飲んでいいのでしょうか。
（飲んでいいのだろうか）

⑧ 風船をたくさん飛ばしてみましょう。
（飛ばしてみよう　）

敬体とは「です・ます」のこと
敬語とはちがうから気をつけて！

手紙の書き方

名前　　月　日

工場見学に行く会社に、資料を送っていただくお願いの手紙を書きました。

ア わたしたちは、そちらの自動車工場におうかがいする、南小学校の五年生です。

イ おいそがしいと思いますが、どうぞよろしくお願いします。

ウ 豊産自動車工業御中

エ 令和二年五月十一日

オ はじめてお手紙をさし上げます。

カ 工場見学をする前に、図書館やインターネットなどを利用して自動車について調べています。特に自動車生産の仕組みについて調べてから見学すると、とてもわかりやすくお話が聞けるのではないかと思います。その点についてよくわかる資料があれば、送っていただきたいと思います。

キ 南小学校五年一組　B班　山田　新

改まった手紙を書くときには、決まった形式があります。

① 前文　書き出しのあいさつ
　　　　相手の様子をたずねる
　　　　自分のしょうかい
② 本文　中心になることがら
③ 末文　結びのあいさつ　お礼　など
④ 後付け　日付・自分の名前・相手の名前

(1) 手紙の文を、正しい順にならべかえて、その記号を書きましょう。

オ	1
ア	2
カ	3
イ	4
エ	5
キ	6
ウ	7

(2) 次の二つの文は、ある手紙の一部分です。それぞれ右の①～④のどれにあたるか、番号を書きましょう。

・では、これからもお体に気をつけて元気でお過ごしください。
（③）

・イルカやサカナ水族館のみなさん。先日おたずねしたときは、色々なお話を聞かせてくださり、ありがとうございました。
（①）

えらい！

20

俳句・短歌

名前　　　　月　日

① 次の文の □ に合う数字や言葉を後ろの ⁝⁝⁝ から選んで書きましょう。同じ数字は何回でも使えます。

① 短歌と俳句は、ともに 日本 独特の短い詩です。短歌は、 五・七・五・七・七 の 三十一 音、俳句は、 五・七・五 の十七音で表現されています。

② 短歌には、奈良時代の終わりに、 万葉集 という歌集が作られてから、今にいたるまで 千 年以上の伝統があります。

③ 俳句は、江戸時代にさかんになりました。俳句には、季節を示す 季語 を入れるという約束があります。

五　十七　三十一　千　七　日本　季語　万葉集

② 次の俳句の季語の右側に線を引き、( )に季節を書きましょう。また、 □ に入る漢字一字を ⁝⁝ から選んで書きましょう。

① 菜の花や月は東に日は 西 に （春）　　与謝蕪村
② 柿くえば 鐘 が鳴るなり法隆寺 （秋）　　正岡子規
③ 古池や蛙とびこむ 水 の音 （春）　　松尾芭蕉
④ やれ打つな蠅が手をする 足 をする （夏）　　小林一茶

水　西　足　鐘

③ 次の短歌を読んで、その季節と、様子を表す言葉を □ から選んで記号を書きましょう。

① 五月雨の晴れ間にいでて眺むれば青田すずしく風わたるなり　良寛　（イ）（エ）
② 金色のちびさき鳥のかたちして銀杏ちるなり夕日の岡に　与謝野晶子　（ア）（ウ）

ア 秋　イ 初夏　ウ 美しさ　エ すがすがしさ

※順不同

五月雨とは五月にふる長雨のこと
昔の五月は夏だったんだ

いちょうの葉が散るのは秋だね

見慣れない言葉だけど、めげずにがんばってね

詩 ふるさと

名前　　　　月　日

① 次の詩を読んで後の問いに答えましょう。

ふるさと
高野辰之

うさぎ追ひしかの山、
こぶなつりしかの川、
夢は今もめぐりて、
忘れがたき ふるさと。

いかにいます 父母
つつがなしや 友がき、
雨に風に つけても、
思ひいづる ふるさと。

こころざしを はたして、
いつの日にか 帰らん、
山はあをき ふるさと、
水は清き ふるさと。

② 上の言葉と同じ意味の下の言葉を線で結びましょう。

いかに　　　　　どのように
かの　　　　　　あの
います　　　　　無事だろう
つつがなしや　　いらっしゃる
つけても　　　　関しても

③ この詩の中の、作者の心はどんな様子ですか。最も合うものに○をつけましょう。

（　）変わりはてたいなかに帰って、昔のふるさとを思い出している。
（○）いなかに帰る日を心待ちに、ふるさとを思い出している。
（　）父母や友達に会ったので、ふるさとを思い出している。

④ 次のア〜ウは、第何連のことをいったものですか。（　）に連の番号（1・2・3）を入れましょう。

（2）ふるさとにくらす両親や友達のことを気づかっている。
（3）一人前になって、美しいふるさとにいつか帰ろうと思っている。
（1）子どものときに遊んだ山や川のことを思い出している。

① 次の文の □ にあてはまる数字や言葉を □ から選んで記号を書きましょう。

この詩は一連が エ 行ずつの ウ 連からなり、 ア で表現されています。 キ 土地 から カ を思う詩です。

ア 文語　イ 口語　ウ 三　エ 四　オ 五　カ 美しい故郷　キ 遠くはなれた

文語とは、書き言葉のこと
口語とは、話し言葉のこと

物語文 雪わたり①

名前　　　　月　日

次の文章を読んで後の問いに答えましょう。

「かた雪かんこ、しみ雪しんこ。」
雪がすっかりこおって大理石よりもかたくなり、空も冷たいなめらかな青い石の板でできているらしいのです。
「かた雪かんこ、しみ雪しんこ。」
お日様が、真っ白に燃えてゆりのにおいをまき散らし、また雪をぎらぎら照らしました。
木なんか、みんなザラメをかけたようにしてぴかぴかしています。
「かた雪かんこ、しみ雪しんこ。」
四郎とかん子とは、小さな雪ぐつをはいてキックキックキック、野原に出ました。
こんなおもしろい日が、またとあるでしょうか。いつもは歩けないきびの畑の中でも、すすきでいっぱいだった野原の上でも、好きな方へどこまででも行けるのです。平らなことは、まるで一枚の板です。そしてそれが、たくさんの小さな小さな鏡のようにキラキラ光るのです。
「かた雪かんこ、しみ雪しんこ。」
二人は、森の近くまで来ました。大きなかしわの木は、枝もうずまるくらい立派なすきとおったつららを下げて、重そうに体を曲げておりました。
「かた雪かんこ、しみ雪しんこ。きつねの子あ、よめいほしい、ほしい。」
と、二人は森へ向いて高くさけびました。

宮沢 賢治「ひろがる言葉 小学国語 五下」教育出版

① 雪と空をどのように例えていますか。
雪（大理石よりもかたくなっている。）
空（冷たいなめらかな青い石の板でできている。）

② 「かた雪かんこ、しみ雪しんこ。」と言っているのはだれですか。
（四郎とかん子）

③ ザラメとは何ですか。正しいものを選んで○をつけましょう。
（　）イカのほしたもの
（○）つぶの大きいさとう
（　）白いもめんの布

④ こんなおもしろい日に何ができるのですか。
（好きな方へどこまででも行くこと。）

⑤ 雪の積もってるきびの畑や野原が平らなことを何に例えていますか。
（一枚の板）

⑥ 畑や野原がキラキラ光っている様子を何に例えていますか。
（たくさんの小さな小さな鏡）

1つの文にして答えよう

どんな光景かな想像してみよう

物語文 雪わたり②

名前　　　　月　日

次の文章を読んで後の問いに答えましょう。

まくの横に、「寄贈　おもちたくさん、人の四郎氏、人のかん子氏」と、大きな札が出ました。きつねの生徒は、喜んで、手をパチパチたたきました。
その時、ピーと笛が鳴りました。
紺三郎が、エヘンエヘンとせきばらいをしながらまくの横から出てきて、ていねいにおじぎをしました。みんなはしんとなりました。
「今夜は美しい天気です。お月様は、まるで真珠のお皿です。お星様は、野原のつゆがキラキラ固まったようです。さて、ただ今から幻灯会をやります。みなさんは、またたきやくしゃみをしないで、目をまんまろに開いて見てください。それから、今夜は大切なお客様がありますから、どなたも静かにしないといけません。決して、そっちの方へくりの皮を投げたりしてはなりません。開会の辞です。」
みんな喜んで、パチパチ手をたたきました。そして四郎が、かん子にそっと言いました。
「紺三郎さんはうまいんだね。」

宮沢 賢治「ひろがる言葉 小学国語 五下」教育出版

① 今から何が始まるのですか。
（幻灯会）

② 四郎とかん子のことを文中では別の言葉で何と表しているでしょう。
（大切な二人のお客様）

③ お月様とお星様を何に例えていますか。
お月様（真珠のお皿）
お星様（キラキラ固まった野原のつゆ）

④ みなさんが指す言葉を選んで○をつけましょう。
（　）四郎とかんこ
（○）きつねの生徒
（　）お月様とお星様

⑤ そっちが指す言葉を選んで○をつけましょう。
（　）四郎とかんこのいる方
（○）野原の方
（　）きつねの生徒の方

⑥ 紺三郎は何がうまいのですか。文中の言葉で答えましょう。
（開会の辞）

「何に」と聞かれているので、最後が名詞の形になるように答えよう

物語文 雪わたり③

次の文章を読んで後の問いに答えましょう。

名前　　　　　月　日

紺三郎が、二人の前に来て、ていねいにおじぎをして言いました。

「それでは。さようなら。今夜のごおんは決してわすれません。」

二人も、おじぎをして、うちの方へ帰りました。

きつねの生徒たちが、追いかけてきて、二人のふところやかくしに、どんぐりだのくりだの青光りの石だのを入れて、

「そら、あげますよ。」

「そら、取ってください。」

なんて言って、風のようににげ帰っていきます。

紺三郎は笑って見ていました。

二人は、森を出て、野原を行きました。

その青白い雪の野原のまん中で、三人の黒いかげが、向こうから来るのを見ました。そCODE れは、むかえに来た兄さんたちでした。

宮沢 賢治「ひろがる言葉 小学国語 五下」教育出版

① 紺三郎は二人の前に来て、ていねいに何をしましたか。

（　おじぎ　）

② 人から受けた親切のことを、文中の言葉で言いかえましょう。

（　ごおん　）

③ きつねの生徒たちがあげたものは何ですか。三つ書きましょう。

（どんぐり　）（　くり　）

（青光りの石　）

④ をどこに入れましたか。

（　　　　　）

⑤ 三人の黒いかげとは何ですか。

（むかえに来た兄さんたち）
（四郎とかん子の）
（二人のふところやかくし）

⑥ 黒いかげという表現からわかることに、○をつけましょう。

（　）太陽が出ている。
（○）顔かたちがよく見えない。
（　）黒い服を着ている。

物語文 世界でいちばんやかましい音①

次の文章を読んで後の問いに答えましょう。

名前　　　　　月　日

ところで、ガヤガヤの町のやかましい人々の中でも、とりわけやかましいのは王子様でした。王子様は、名前をギャオギャオといいました。そして、まだ六つにもなっていないのに、たいていの大人よりずっとやかましい音を立てることができました。王子様は、大声でわめき散らしたり、おなべとやかんをぶつけ合わせ、おまけにヒューッと口笛を鳴らすことができました。

王子様の大好きな遊びは、ドラムかんとブリキのバケツを高く積み上げて山にし、それから、大きな音を立てて、ガラガラガッシャンガッシャンガッシャンと、その山をくずすことでした。王子様は、はしごを使って、山をどんどん、どんどん高くしていき、音をどんどん、どんどんやかましくしていきました。「もっとやかましい音が聞きたい。もっともっとやかましい音が聞きたい。世界でいちばんやかましい音が聞きたい。」と、王子様は思いました。

□□□、どんなに音をやかましくしても、これで十分という気持ちになれませんでした。

ベンジャミン エルキン作／松岡 享子 訳「新しい国語 五」東京書籍

① ほとんど、大部分と同じ意味の言葉を文中から選びましょう。

（　たいてい　）

② ガヤガヤの町でとくにやかましいのはだれですか。

（王子様　）

③ ②の人の名前と年れいを書きましょう。

名前（ギャオギャオ）（ギャオギャオ）
年れい（五さい　）（五つ、五才）

④ 王子様が出せる三つのやかましい音に線を引きましょう。

⑤ 王子様の大好きな遊びに使うものは何ですか。三つ書きましょう。

（ドラムかん　）（ブリキのバケツ　）
（はしご　）

⑥ 文中の□に入る言葉を選んで○をつけましょう。

（○）けれども
（　）しかも
（　）だから

「まだ六つにもなっていない」からわかるね

物語文 世界でいちばんやかましい音②

名前　　　　　　月　日

次の文章を読んで後の問いに答えましょう。

「うん、少しはいいと思うけど。」
と、王子様は言いました。
「でも、それだって、世界でいちばんやかましい音というわけにはいかないと思うんだ。」
王様は、たいへんやさしいかたでした。でも、だんだん（ 1 ）し始めました。
「いったい、どうすりゃ気がすむんだ？ おまえに何かいい考えでもあるのか？」
「うん、ぼく、ずうっと前から考えてたんだ。世界中の人が、一人残らず、同時にどなったら、どんな音になるだろうって。何百万、何千万、何億もの人が、みんないっしょに『ワアー』ってさけんだら、きっと、それが、世界でいちばんやかましい音だと思うんだ。」
「ふうむ。」と、王様は考えこみました。
考えれば考えるほど、これはおもしろいという気がしてきました。
「こいつは、いける。」と、王様は思いました。「それに、（ 2 ）これを実現させたら、わしは、全世界の人間に同時に同じことをさせた世界最初の王として、歴史に名前が残るわけじゃ。」
「よし、やってみよう！」
と、王様は言いました。

ベンジャミン・エルキン作／松岡享子訳「新しい国語 五」東京書籍

① （ 1 ）に入る言葉を選んで○をつけましょう。
（　）にこにこ
（○）いらいら
（　）わくわく

② 王子様がずっと前から考えていたことは何ですか。

「〜こと。」と答えよう

③ それが指すところをぬき書きしましょう。
（世界中の人が、一人残らず、同時にどなったら、どんな音になるだろうということ。）

④ こいつが指すことを選んで○をつけましょう。
（　）何百万、何千万、何億もの人が、みんないっしょに『ワアー』ってさけんだら
（　）王子様
（　）世界中の人
（○）世界でいちばんやかましい音を出すこと。

⑤ （ 2 ）に入る言葉を選んで○をつけましょう。
（○）もし
（　）ただ
（　）でも

⑥ 王様は何になることで歴史に名前が残ると思ったのですか。
（全世界の人間に同時に同じことをさせた最初の王になる）こと。

物語文 世界でいちばんやかましい音③

名前　　　　　　月　日

次の文章を読んで後の問いに答えましょう。

この町の歴史が始まって以来、初めて、ガヤガヤの町が静まり返りました。世界でいちばんやかましい音で、しいんと静まり返りました。
世界でいちばんやかましい音で、王子様の誕生日をお祝いするはずだったのに……。
人々は、王子様に悪いことをしたと思いました。申しわけなさとはずかしさで、人々は、頭をたれ、こそこそと家に帰りかけました。

ところが、急に、足を止めました。あれは、何でしょう？ 宮殿のバルコニーから聞こえてくる、あの音は？

まさか！と思いましたが、まちがいありません。王子様です。王子様がうれしそうに手をたたいているのです！ 王子様は、はしゃいで、とんだりはねたりしながら、庭の方を指差していました。

生まれて初めて、王子様は、小鳥の歌を聞いたのです。木の葉が風にそよぐ音を、小川を流れる水の音を聞いたのです。生まれて初めて、王子様は、人間の立てるやかましい音ではなく、自然の音を聞いたのです。そして、王子様は、それがすっかり気に入りました。

ベンジャミン・エルキン作／松岡享子訳「新しい国語 五」東京書籍

① 今までに、ガヤガヤの町が静まり返ったことはありますか。
（ない。（今回が初めて。など））

② 町の人々は何で王子様の誕生日のお祝いをするはずでしたか。
（世界でいちばんやかましい音。）

③ あの音とはだれが何をしている音ですか。
（王子様がうれしそうに何かをしている音。）

④ まさか！と思った理由に○をつけましょう。
（○）宮殿のバルコニーから王子様がはしゃぐ音が聞こえてきたから。
（　）世界でいちばんやかましい音が聞こえなかったから。
（　）生まれて、初めて小鳥の歌を聞いたから。

⑤ 小鳥の歌、木の葉が風にそよぐ音、小川が流れる水の音を別の言葉で何の音と表現していますか。
（自然の音）

⑥ それがとは何のことですか。
（静けさと落ち着き）

ファイト！

物語文 注文の多い料理店 ①

名前

月　日

次の文章を読んで後の問いに答えましょう。

二人のわかいしんしが、すっかりイギリスの兵隊の形をして、ぴかぴかする鉄ぽうをかついて、白くまのような犬を二ひき連れて、だいぶ山おくの、木の葉のかさかさしたところを、こんなことを言いながら、歩いておりました。

それに、あんまり山がものすごいので、その白くまのような犬が、二ひきいっしょに目まいを起こして、しばらくうなって、それからあわをはいて死んでしまいました。

「実にぼくは、二千四百円の損害だ。」と、一人のしんしが、その犬のまぶたを、ちょっと返してみて言いました。

「ぼくは二千八百円の損害だ。」と、もう一人が、くやしそうに、頭を曲げて言いました。

初めのしんしは、少し顔色を悪くして、じっと、もう一人のしんしの、顔つきを見ながら言いました。

「ぼくはもうもどろうと思う。」

「さあ、ぼくもちょうど寒くはなったし、はらはすいてきたし、もどろうと思う。」

「そいじゃ、これで切り上げよう。なあに、もどりに、昨日の宿屋で、山鳥を十円も買って帰ればいい。」

「うさぎも出ていたねえ。そうすれば結局おんなじこった。では帰ろうじゃないか。」

ーー中略ーー

宮沢賢治「新しい国語 五」東京書籍

① 白くまのような犬は□□□□□□□□□□ってからどうなりましたか。
（あわをはいて死んでしまった。　）

「〜なった。」「〜した。」と答えよう

② 二千四百円の損害とは何を表していますか。
（　犬のねだん　）

③ ここでの切り上げるとはどうすることかを選んで〇をつけましょう。
（　）二千四百円をあげること。
（〇）寒いし、はらがすいてきたのでもどること。
（　）山鳥のねだんをねぎること。

④ 結局おんなじこったとは、何が同じことなのですか。選んで〇をつけましょう。
（〇）山鳥ももうさぎも十円であること。
（　）どっちの道を行っても宿屋につくということ。
（　）自分たちでとっても宿屋で買ってもえもの
を持って帰れるということ。

⑤ 二人のわかいしんしは、山おくで何をしていましたか。考えて書きましょう。
（　かり　）
（しゅりょう、りょう）

「鉄ぽう」をかついで「犬」をつれていることからわかるね

物語文 注文の多い料理店 ②

名前

月　日

次の文章を読んで後の問いに答えましょう。

二人はげんかんに立ちました。げんかんは白い瀬戸のれんがで組んで、実にりっぱなもんです。

そしてガラスの開き戸がたって、そこに金文字でこう書いてありました。

【どなたもどうかお入りください。決してごえんりょはありません】

二人はそこで、ひどく喜んで言いました。

「こいつはどうだ。やっぱり世の中はうまくてきてるね。今日一日なんぎしたけれど、今度はこんないいこともある。このうちは料理店だけれども、ただでごちそうするんだぜ。」

「どうもそうらしい。決してごえんりょはありませんというのはその意味だ。」

二人は戸をおして、中へ入りました。そこにはすぐろう下になっていました。そのガラス戸のうら側には、金文字でこうなっていました。

【ことに太ったおかたやわかいおかたは、大かんげいいたします。】

二人は大かんげいというので、もう大喜びです。

「君、ぼくらは両方かねてるから。」

「ぼくらは大かんげいに当たっているのだ。」

ずんずんろう下を進んでいきますと、今度は水色のペンキぬりの戸がありました。

「どうも変なうちだ。どうしてこんなにたくさん戸があるのだろう。」

宮沢賢治「新しい国語 五」東京書籍

① げんかんは何でできていますか。
（　白い瀬戸　）のれんがが。
（せと）

② 開き戸には何と書いてありましたか。
（どなたもどうかお入りください。
決してごえんりょはありません。）

③ こいつが指すものを選んで〇をつけましょう。
（　）二人のうちの相手
（　）お入りくださいと書いた人
（〇）開き戸の文字の内容

④ 苦労と同じ意味の言葉を文中からさがしましょう。
（　なんぎ　）

⑤ ただでごちそうすると思ったのは、どんな言葉からですか。
（決してごえんりょはありません。）

⑥ 両方かねてるとはどんなことですか。
（太っていて、わかいこと。）

「どちらももっている」という意味があるよ

⑦ 「どうも変なうちだ。」とありますが、どんなことが変なのですか。
（たくさん戸があること。）

物語文 注文の多い料理店③

名前　　　　　月　日

次の文章を読んで後の問いに答えましょう。

「どうもおかしいぜ。」
「ぼくもおかしいと思う。」
「たくさんの注文というのは、向こうがこっちへ注文してるんだよ。」
「だからさ、西洋料理店というのは、ぼくの考えるところでは、西洋料理を、来た人に食べさせるのではなくて、来た人を西洋料理にして、食べてやるうちと、こういうことなんだ。これは、その、つ、つ、つ、つまり、ぼ、ぼ、ぼくらが……。」
がたがたがたがたふるえだして、もうものが言えませんでした。
「その、ぼ、ぼくらが、……うわあ。」がたがたがたがたふるえだして、もうものが言えませんでした。
「にげ……。」
がたがたしながら、一人のしんしは後ろの戸をおそうとしましたが、どうです、戸はもう一分も動きませんでした。
おくの方にはまだ一枚戸があって、大きなかぎあなが二つ付き、銀色のホークとナイフの形が切り出してあって、
【いや、わざわざご苦労です。たいへんけっこうにできました。さあさあ、おなかにお入りください。】
と書いてありました。おまけに、かぎあなからは、きょろきょろ二つの青い目玉がこっちをのぞいています。
「うわあ。」がたがたがたがた。
「うわあ。」がたがたがたがた。
二人は泣きだしました。

宮沢 賢治「新しい国語 五」東京書籍

① こっちと同じ意味で使われている言葉に線を引きましょう。

② 西洋料理店というのとはどんなことですか。

「～こと。」と答えよう

③ 「その、ぼ、ぼくらが、……」の……にはどんな言葉が入りますか。
（ 食べられてしまう ）ということなんだ。

④ 文中の「一分」と同じ使い方を選んで○をつけましょう。
（　）タイムが一分おそくなった。
（　）一分のすきもない人間だ。
（　）対戦成績は三勝二敗一分けだ。

⑤ 文中の「おまけ」と同じ意味に使われている文を選んで○をつけましょう。
（　）雨がふり、おまけに風も強い。
（　）おまけにおもちゃがついていた。
（　）百円おまけします。

⑥ がたがたがたがたとは何の音ですか。選んで○をつけましょう。
（　）ドアをおす音
（　）こわくて体がふるえる音
（　）二つの青い目玉が動く音

物語文 だいじょうぶ だいじょうぶ①

名前　　　　　月　日

次の文章を読んで後の問いに答えましょう。

ぼくが今よりずっと赤ちゃんに近く、おじいちゃんが今よりずっと元気だったころ、ぼくとおじいちゃんは毎日のように、お散歩を楽しんでいました。
ぼくたちのお散歩は、家の近くをのんびりと歩くだけのものでしたが、遠くの海や山をぼうけんするような楽しさにあふれていました。
草も木も、石も空も、虫もけものも、人も車も。
ときには、たまごを運ぶありや鼻の頭がしたねこにさえ、古くからの友達のように、おじいちゃんは声をかけていました。
そんなおじいちゃんと手をつないでとことこ歩いていると、ぼくの周りは、まほうにてもかかったみたいにどんどん広がっていくのでした。

いとう ひろし「新しい国語 五」東京書籍

① ぼくとおじいちゃんが毎日のようにしていたことは何ですか。
（ お散歩 ）

② ぼくたちのお散歩はどんなものですか。
（ 家の近くをのんびりと歩くだけのもの。 ）

③ 家の近くのお散歩が、なぜ遠くの海や山のぼうけんのように感じたのですか。正しいものを選んで○をつけましょう。
（　）ぼうけんのようにあぶなかったから。
（　）ぼうけんのようにわくわくと楽しかったから。
（　）ぼうけんのように違うまで歩いたから。

④ 古くからの友達のようにとはどんな気持ちがこめられていますか。正しいものを選んで○をつけましょう。
（　）やさしく愛情深い気持ち。
（　）昔をなつかしむ気持ち。
（　）元気でいてほしい気持ち。

⑤ まほうにでもかかったみたいにとはどんなことですか。正しいものを選んで○をつけましょう。
（　）まほうのようにふしぎ。
（　）まほうのようにこわい。
（　）まほうのようにありえない。

物語文 だいじょうぶ　だいじょうぶ ②

名前

月　日

次の文章を読んで後の問いに答えましょう。

でも、新しい発見や楽しい出会いが増えれば増えるだけ、こまったことや、こわいことにも、出会うようになりました。

お向かいのけんちゃんは、わけもなくぼくをぶつくし、おすましのくみちゃんは、ぼくに会うたびに顔をしかめます。犬はうなって歯をむき出して走っていきます。自動車は、タイヤをきしませて走っていきます。

飛行機は空から落ちることがあるのも知ったし、あちらにもこちらにも、おそろしいばいきんがうようよしてるってことも知りました。いくら勉強したって読めそうにない字があふれているし、何だか、このまま大きくなれそうにないと、思えるときもありました。

だけどそのたびに、おじいちゃんが助けてくれました。

おじいちゃんは、ぼくの手をにぎり、おまじないのようにつぶやくのでした。

「だいじょうぶ、だいじょうぶ。」

いとう ひろし「新しい国語 五」東京書籍

① 何が増えれば増えるだけ、何に出会うようになりましたか。

（　新しい発見や楽しい出会い　）が
増えれば増えるだけ、こまったことや、こわいこと
（　　　　　　　　　　　）に
出会うようになった。

② おすましとはどんな意味ですか。正しい言葉を選んで○をつけましょう。

（　○　）気どっている
（　　　）いじわる
（　　　）気が強い

③ このまま大きくなれそうにないと思った理由で正しいものを選んで○をつけましょう。

（　○　）こまったことやこわいことが解決できそうにないと思えたから。
（　　　）こわいことが起こり大人になる前に死んでしまうのではと思ったから。
（　　　）身長が低いまま大人なってしまうと思ったから。

④ おまじないのようにという言葉からわかる、おじいちゃんの気持ちに○をつけましょう。

（　　　）願いがかなってほしいという気持ち。
（　○　）心配しないでいいという気持ち。
（　　　）自分ではどうすることもできないという気持ち。

物語文 だいじょうぶ　だいじょうぶ ③

名前

月　日

次の文章を読んで後の問いに答えましょう。

「だいじょうぶ、だいじょうぶ。」
ぼくとおじいちゃんは、何度その言葉をくり返したことでしょう。けんちゃんともくみちゃんとも、いつのまにか仲良くなりました。犬に食べられたりもしませんでした。

何度も転んでけがもしたし、何度も病気になりました。でもそのたびに、すっかりよくなりました。車にひかれることもなかったし、頭に飛行機が落ちてくることもありませんでした。むずかしい本も、いつか読めるようになると思います。もっともっと、たくさんの人や動物や草や木に出会えると思います。

ぼくは、（1）大きくなりました。おじいちゃんは、（2）年を取りました。

だから今度はぼくの番です。

おじいちゃんの手をにぎり、何度でも何度でもくり返します。

「だいじょうぶ、だいじょうぶだよ、
だいじょうぶ、だいじょうぶ。」

いとう ひろし「新しい国語 五」東京書籍

① その言葉とは何ですか。

（　だいじょうぶ、だいじょうぶ。　）

② そのたびにが指していることに○をつけましょう。

（　　　）けがをしたり病気になったりしたこと。
（　○　）だいじょうぶをくりかえしたこと。
（　　　）すっかりよくなったこと。

③ これから、ぼくにできることは何ですか。二つ書きましょう。

（　むずかしい本も、いつか読めるようになること。　）
（　もっともっと、たくさんの人や動物や草や木に出会えること。　）

④ （1）（2）には同じ言葉が入ります。正しい言葉を選んで○をつけましょう。

（　　　）ずんずん
（　○　）ずいぶん
（　　　）ちょっと

⑤ なぜ今度はぼくの番になったのですか。理由を想像して書きましょう。

（　おじいちゃんが、年を取って体が弱くなってしまったから。　）

似た意味のことが書けていればOKだよ

27

物語文 たずねびと ①

名前

月 日

● 次の文章を読んで後の問いに答えましょう。

翌日の放課後、メモに「死没者数」などを写し取っていると、後ろから頭をちょんとつつかれた。

じゅくに行くとちゅうのお兄ちゃんだった。

「綾、何してるの。」

わたしは、「楠木アヤ」と書いてある所を指さした。

「びっくりだね。」

お兄ちゃんもポスターを見つめた。

「広島市から来たポスターかあ──」

広島市。となりの県の県庁所在地。世界で初めて原子爆弾が落とされたところ──わたしが知っているのは、それくらいだ。

お兄ちゃんは、ぱっと時計を見た。

「まずい、おくれる。」

わたしは、お兄ちゃんに引っぱられるようにして駅の構内をぬけた。

「綾も、さっさと帰れ。」

その夜、夕ご飯が終わってからお母さんにポスターの話をした。夢の話はしなかった。

ただ、「アヤちゃんのこと、どうして何十年もだれもさがしにこないのかな。」と不思議に思っていたことをきいてみたのだ。

そこへ、お兄ちゃんも帰ってきた。

「綾はね、駅で、すごくしんけんにポスターを見てたんだよ。」

朽木 祥 『国語 五 銀河』光村図書

① 後ろから頭をつつかれたとき、わたしは何をしていましたか。

（ポスターをながめて

　　　　　　　　　　　　　　）

「〜（し）ていた。」と答えよう

② 「びっくりだね。」と言ったのはだれですか。

（お兄ちゃん　　　　　　　　）

③ わたしの知っている広島市とは、どんなところですか。二つ書きましょう。

（となりの県の県庁所在地　　）

（世界で初めて原子爆弾が落とされたところ　　　　　　　　　）

④ おくれるとは何におくれるのですか。

（じゅく　　　　　　　　　　）

⑤ お母さんにポスターの話をしたのはいつですか。

（夕ご飯が終わってから　　　）

⑥ わたしが不思議に思っていたこととはどんなことですか。

（どうしてアヤちゃんのことを何十年もだれもさがしにこないのかということ。　　　　　　　　　）

「〜こと。」と答えよう

物語文 たずねびと ②

名前

月 日

● 次の文章を読んで後の問いに答えましょう。

それを聞くと、おばあさんはだまりこんでしまった。

わたしはこまってお兄ちゃんを見た──おばあさんをがっかりさせてしまったにちがいないと思ったのだ。

◯◯、そうではなかった。おばあさんは、ほうきとちりとりをわきに置くと、しゃがんで供養塔に手を合わせ、こう言ったのだ。

「アヤちゃん、よかったねえ。もう一人のアヤちゃんがあなたに会いに来てくれたよ。」

やがておばあさんは顔を上げると、しわだらけの顔いっぱいに、もっとしわをきざんでわたしに笑いかけた。目には光るものがあったので、泣き笑いみたいな表情だった。

「この楠木アヤちゃんの夢やら希望やらが、あなたの夢や希望にもなって、かなうとええねえ。元気で長う生きて、幸せにおくらしなさいよ。」

わたしははずかしくなって下を向いてしまった。そんなことは考えたこともなかったからだ。

朽木 祥 『国語 五 銀河』光村図書

① ◯◯ に入る言葉を選んで◯をつけましょう。

（　　）しかも
（◯　）だが
（　　）やはり

② そうとは何をさしていますか。

（おばあさんをがっかりさせてしまったこと　　　　　　　　）

③ どんなことがよかったのですか。

（アヤちゃんに、もう一人のアヤちゃんが会いに来てくれたこと。　　　　）

④ アーのあなたとイ──のあなたはそれぞれだれのことですか。文中の言葉を二つずつ答えましょう。

ア（アヤちゃん　　）（楠木アヤちゃん　（くすのき））

イ（もう一人のアヤちゃん　）（わたし　）

⑤ 目には光るものとは、何のことですか。

（なみだ　　　　　　　　　　）

⑥ そんなこととはどんなことですか。一つ選んで◯をつけましょう。

（　　）なくなった楠木アヤさんのこと。

（　　）楠木アヤさんの夢や希望を知ること。

（◯　）自分の夢や希望をかなえて元気で長生きすること。

物語文 たずねびと ③

次の文章を読んで後の問いに答えましょう。

名前　　　月　日

秋の日は短くて日がしずみかけていた。川土手に向かった。静かに流れる川、夕日を受けて赤く光る水。

わたしはらんかんにもたれた。お兄ちゃんもせかさなかった。昼過ぎに、この川は、きれいな川でしかなかった。ポスターの名前が、ただの名前でしかなかったように。

資料館で読んだ説明が思い出された──この辺りは、元はにぎやかな町だった。だが、あの朝、一発の爆弾が町も人も、この世から消してしまった。

消えてしまった町、名前でしかない人々。あのおばさんが言っていたように、わたしたちがわすれないでいたら──あの日まてこの楠木アヤちゃんが確かにこの世にいて、あの日まてここで泣いたり笑ったりしていたこと、そして、ここでどんなにおそろしいことがあったかということ──をずっとわすれないでいたら、世界中のだれも、二度と同じようなことにあわないですむのかもしれない。メモに書いた「楠木アヤ」という文字を、また指でなぞった。

杉木　祥『国語五 銀河』光村図書

① □に入る言葉を選んで○をつけましょう。
（　）元気に
（　）急いで
（　）ゆっくり

② らんかんとは何ですか。正しい意味を選んで○をつけましょう。
（　）川土手にある木のこと。
（　）橋のたもとのこと。
（　）橋のてすりのこと。

③ お兄ちゃんがせかさなかったのはなぜですか。最も正しい文を選んで○をつけましょう。
（　）静かに流れる川や夕日の景色をもう少し見したかったから。
（　）資料館の見学でつかれたから。
（　）妹が爆弾でなくなった町や人のことを考えているだろうと感じたから。

④ 数でしかない人々の「数」とは何ですか。選んで○をつけましょう。
（　）爆弾でなくなった人数。
（　）消えてしまった町にくらしていた人数。
（　）ポスターにのっている名前の数。

⑤ おそろしいこととはどんなことですか。文中の言葉を使って書きましょう。
（　一発の爆弾が町も人も、
この世から消してしまったこと。　）

物語文 大造じいさんとガン ①

次の文章を読んで、後の問いに答えましょう。

名前　　　月　日

ア　今年も、残雪は、ガンの群れを率いて、ぬま地にやってきました。

イ　残雪というのは、一羽のガンにつけられた名前です。左右のつばさに一か所ずつ、真っ白な交じり毛をもっていたので、かりゅうどたちからそうよばれていました。

ウ　残雪は、このぬま地に集まるガンの頭領らしい、なかなかりこうなやつで、仲間がえをあさっている間も、りょうじゅうのとどく所まで、決して人間を寄せつけませんでした。

エ　大造じいさんは、このぬま地をかり場にしていたが、いつごろからか、この残雪が来るようになってから、一羽のガンも手に入れることができなくなったので、いまいましく思っていました。

オ　そこで、大造じいさんは、今年こそはと、かねて考えておいた特別な方法に取りかかりました。

カ　それは、いつもガンのえをあさる辺り一面にくいを打ちこんで、タニシを付けたウナギつりばりを、たたみ糸で結び付けておくことでした。じいさんは、一晩中かかって、たくさんのウナギつりばりをしかけておきました。今度は、なんだかうまくいきそうな気がしてなりませんでした。

椋　鳩十『国語五 銀河』光村図書

① 「残雪」という名前は、どんなところからつけられましたか。
（左右）の（つばさ）に（一）か所ずつもっている、（真っ白）な（交）じり（毛）が残り雪のようだから。

② 大造じいさんはどんな仕事をしていますか。文中から言葉を選んで書きましょう。
（りょうじゅう）で（ガン）をうって手に入れる、（かりゅうど）とよばれる仕事。

③ 大造じいさんは、なぜ一羽のガンも手に入れることができなくなったのですか。その理由が書いてある段落の記号に、○をつけましょう。

④ いまいましいとはどういう意味でしょう。正しいものに○をつけましょう。
（　）悲しい
（○）こまっている
（　）はらが立つ

⑤ 大造じいさんの考えていた、特別な方法とは、どんなことですか。
（いつもガンのえをあさる辺り一面にくいを打ちこんで、タニシを付けたウナギつりばりを、たたみ糸で結び付けておくこと。　）

⑥ 大造じいさんがうまくいきそうな気がしたのはなぜですか。最も合うものに○をつけましょう。
（　）一晩中かかってしかけたから。
（○）特別な方法に自信があったから。
（　）今までうまくいかなかったから。

物語文 大造じいさんとガン②

名前　　　　月　日

次の文章を読んで、後の問いに答えましょう。

今年もまた、ぼつぼつ、例のぬま地にガンの来る季節になりました。

大造じいさんは、生きたドジョウを入れたどんぶりを持って、鳥小屋の方に行きました。じいさんが小屋に入ると、一羽のガンが、羽をばたつかせながら、じいさんに飛び付いてきました。

このガンは、二年前、じいさんがつりばりの計略で生けどったものだったのです。今では、すっかりじいさんになついていました。ときどき、運動のために外に出してやるが、ヒュー、ヒュー、ヒューと口笛をふけば、どこにいてもじいさんのところに帰ってきて、そのかた先に止まるほどになれていました。

ア 大造じいさんは、ガンがどんぶりからえを食べているのを、じっと見つめながら、

「今年はひとつ、これを使ってみるかな。」

と独り言を言いました。

じいさんは、長年の経験で、ガンは、いちばん最初に飛び立ったものの後について飛ぶ、ということを知っていたので、このガンを手に入れたときから、ひとつ、これを、おとりに使って、残雪の仲間をとらえてやろうと、考えていたのでした。

編十［国語 五 書2］光村図書

① 鳥小屋にいるガンは、大造じいさんがいつ、どういう方法で生けどったものですか。

いつ（　二年前　）

方法（　つりばりの計略　）

② ①のガンは、大造じいさんにどれほどなれていますか。文中のその部分に線を引きましょう。

③ ①のガンは、大造じいさんをどんな気持ちで見つめていましたか。最も合うものを選んで○をつけましょう。

（　）うまそうにエサを食べているなあ。

（　）すごくなついてくれて、かわいいなあ。

（○）今度のかりに役立ってもらおう。

④ 大造じいさんが、長年の経験で知ったガンの性質を書きましょう。

（　ガンは、いちばん最初に飛び立ったものの後について飛ぶ。　）

⑤ おとりとは、どういう意味ですか。[　]に入る言葉を[ア]から[エ]選んで記号を書きましょう。

他の鳥を[ア]ための[エ]の鳥。

ア さそい寄せる　イ 遠ざける　ウ にがす

エ 同種　オ 野生　カ 大型

物語文 大造じいさんとガン③

名前　　　　月　日

次の文章を読んで後の問いに答えましょう。

「あっ。」

①一羽、飛びおくれたのがいます。大造じいさんのおとりのガンです。長い間飼いならされていたので、野鳥としての本能がにぶっていたのでした。

ハヤブサは、その一羽を見のがしませんでした。

じいさんは、ピュ、ピュ、ピュと口笛をふきました。

②こんな命がけの場合でも、飼い主のよび声を聞き分けたとみえて、ガンは、こっちに方向を変えました。

ハヤブサは、その道をさえぎって、パーンと一けり、けりました。

ぱっと、白い羽毛があかつきの空に光って散りました。ガンの体はななめにかたむきました。

もう一けりと、ハヤブサがこうげきの姿勢をとったとき、さっと、大きなかげが空を横切りました。

残雪です。

大造じいさんは、ぐっとじゅうをかたに当て、残雪をねらいました。が、なんと思ったか、④再びじゅうを下ろしてしまいました。

残雪の目には、人間もハヤブサもありませんでした。ただ、救わねばならぬ仲間のすがたがあるだけでした。

③そして、いきなり、てきにぶつかっていきました。いきなり、あの大きな羽をなぐりつけました。

編十［国語 五 書2］光村図書

① 一① はどういうことを表していますか。（　）の中に文中から合う言葉を選んで書きましょう。

（　おとり　）のガンは長い間人間に（　飼いならされて　）いたので（　ハヤブサ　）などのてきから身を守ったりする（　本能　）がうまく働かず、飛びおくれた。

② 一② とはどんな場合ですか。正しいものを一つ選んで○をつけましょう。

（　）飼い主に口笛でよばれている場合。

（○）飛びおくれて、ハヤブサにねらわれている場合。

（　）おとりとしての役目をはたしている場合。

③ 大造じいさんを③―のようにさせたのは、残雪から三行をぬき書きしましょう。

（　いきなり、てきにぶつかっていきました。そして、あの大きな羽をなぐりつけました。カ　いっぱい相手をなぐりつけました。　）

④ 大造じいさんはなぜ、じゅうを下ろしたのですか。本文から一番合うものに○をつけましょう。

（○）残雪が、自分の身の安全よりも仲間を助けようとしているから。

（　）じゅうをうてば、残雪だけでなく、おとりのガンにもあたるように思えたから。

（　）残雪がハヤブサと戦えばいいと思ったから。

本文の言葉をそのまま書こう「、」や「。」もわすれずに！

伝記 やなせたかし―アンパンマンの勇気①

次の文章を読んで後の問いに答えましょう。

名前　　　　月　日

やなせたかし（本名　柳瀬　嵩）は、一九一九年に東京で生まれたが、両親と二さい下の弟との四人家族だったが、たかしが五さいのとき、新聞記者をしていた父親が病死してしまき、たかしと弟は母親とはなれ、高知県のおじ夫婦のもとに引き取られることになった。おじもおばも、二人を本当の子どものようにかわいがってくれた。しかし、たかしの中にはどこかえんりょする気持ちがあり、どうしてもすなおになることができない。

「おじさんもおばさんもよくしてくれるのに、むねがつぶれるようにさびしいのは、なぜだろう。」

弟の千尋にもそんな思いを打ち明けることができず、中学校に進むころには、たかしは内気な少年になっていた。

そんなたかしを救ったのは、絵をかくことだった。夢中になってかいているだけは、さびしさをわすれることができたのだ。

たかしはいつしか、将来はまんが家になりたいという夢をいだくようになった。

本格的に美術の勉強をするために上京し、東京高等工芸学校に入学したのは、一九三七年、十八さいのときである。直後に日本は中国との戦争を始めたが、たかしの学生生活は、自由で充実したものだった。

梯 久美子「国語五 銀河」光村図書

① やなせたかしはいつどこで生まれましたか。
いつ（一九一九年）
どこで（東京）

② たかしが五さいのときにどんなできごとがありましたか。二つに分けて書きましょう。
新聞記者をしていた父親が病死してしまう。
たかしと弟は母親とはなれ、高知県のおじ夫婦のもとに引き取られることになった。

③ たかしがさびしいのはなぜだと思いますか。選んで〇をつけましょう。
（〇）母親とはなれて違い高知でくらしているから。
（　）たかしは内気で友達がいないから。
（　）おじ夫婦が自分によくしてくれるのが申しわけないと思ったから。

④ たかしがさびしさをわすれることができたのは何をしているときですか。
（絵をかいている）とき。

⑤ たかしの夢は何でしたか。
（将来はまんが家になりたいという夢。）
（まんが家）

伝記 やなせたかし―アンパンマンの勇気②

次の文章を読んで後の問いに答えましょう。

名前　　　　月　日

たかしは考え続けた。

「じゃあ、この世に正義はないのだろうか。みんな自分勝手に生きているだけなのか。それじゃあ、あまりにむなしすぎる。」

戦後の日本は貧しく、着る物も食べる物も不足していた。あちこちに空襲の焼けあとも残っている。たかしは生活のために、高知で廃品回収の仕事を始めた。そんなある日、たかしは道ばたで、おさない兄弟がおにぎりを分け合って食べているのを見た。服はよごれていたが、二人とも幸せそうに笑っていた。そのえがおを見て、たかしははっとした。

「本当の正義とは、おなかがすいている人に、食べ物を分けてあげることだ。」

戦争は、人を殺すことだが、食べ物を分けることは、人を生かすことであり、命をおうえんすることだ――そう気がついたのだ。

「今も世界中に戦争をしている国があって、あのときのぼくよりもっと苦しい思いをしている人たちがいる。うえて死んでしまう子どももいる。その人たちを助けるのは、どんなときも正しいことのはずだ。」

梯 久美子「国語五 銀河」光村図書

① 戦後の日本はどんな様子でしたか。二つに分けて書きましょう。
（貧しく、着る物も食べる物も不足していた。）
（あちこちに空襲の焼けあとも残っている。）

② たかしの思う本当の正義とはどんなことですか。文中のその部分に線を引きましょう。

③ 食べ物を分けることはどんなことだとたかしは気づいたのですか。
（人を生かすことであり、命をおうえんすること）（だ。）

「～こと。」と答えよう

④ ③に気づいたのは、どんな出来事からですか。
（おさない兄弟）が（おにぎり）を（分け合って食べている）のを見たこと。

⑤ その人たちとはどんな人たちですか。
戦争をしている国で、苦しい思いをしている人たち。
うえて死んでしまう子ども。

伝記 やなせたかし—アンパンマンの勇気③

● 次の文章を読んで後の問いに答えましょう。

たかしは五十四さいのとき、一さつの絵本を出版した。タイトルは「あんぱんまん」である。

後に日本中の人気者になるアンパンマンの誕生である。

アンパンマンは、それまでのヒーローとはちがっていた。顔がぬれただけで力をなくしてしまうし、かっこいい武器も持っていない。でも、こまった人や傷ついた人がいると、まっ先にかけつける。そして、自分の顔を食べさせることで元気をあたえるのだ。それは、たかしが戦争のつらい経験をもとに、正義や命について考えぬいた末に生み出した主人公だった。

けれども、アンパンマンは最初、大人たちから評判が悪かった。「顔を食べさせるなんて、ざんこくだ。」というのだ。だが、たかしには、「正義を行い、人を助けようとしたら、自分も傷つくことをかくごしなければならない。」という信念があった。

「自分の食べ物をあげてしまったら、自分がうえるかもしれない。いじめられている人をかばったら、自分がいじめられるかもしれない。それでも、どうしてもだれかを助けたいと思うとき、本当の勇気がわいてくるんだ。」

たかしは、人気が出なくてもアンパンマンをかき続けた。

楠 久美子「国語 五 銀河」光村図書

① たかしが五十四さいのときに出版した絵本のタイトルは何ですか。
（あんぱんまん　　）

② アンパンマンはどんなヒーローでどのような行動をしますか。文中のその部分に線を引きましょう。

③ アンパンマンの行動は、たかしのどんな経験がもとになっていますか。
（戦争のつらい経験　　）

④ 最初、大人たちからのアンパンマンの評判が悪かったのはなぜですか。
「顔を食べさせるなんて、ざんこくだ。」と、大人たちは思ったから。

⑤ たかしの信念はどんなことですか。
正義を行い、人を助けようとしたら、自分も傷つくことをかくごしなければならないということ。 ← 「〜こと。」と答えよう

⑥ 本当の勇気とはどんなときにわいてくるのですか。
（どうしてもだれかを助けたいと思うとき。　　）

伝記 手塚治虫①

● 次の文章を読んで後の問いに答えましょう。

四年生になって、治のかいた「ピンピン生チャン」というまんがが、教室で大評判になった。そのころ、日本は戦争中で、本屋にもまんがは売っていなかった。それでみんなは、治がノートにかいたまんがを回覧して楽しんでいたのである。

ある日、治のまんがを読んでいた女の子が先生に見つかり、ノートを取り上げられた。「きっと大目玉をくらうぞ。二度とまんがをかいたらいけないと言われるんだろうな。」治は覚ごをした。

「このまんがの続きをかいてくれたのだ。わたしにも読ませてほしいな。」

先生の言葉に、治はほっとした。そして先生はおこるどころか、よくできているとほめてくれたのだ。

「手塚は大人になったら、まんが家になれるかもしれないよ。」

治は、最初びっくりし、次には飛び上がりたいほど、うれしい気持ちになった。先生は、治のまんがをみとめてくれ、大きな自信と勇気をあたえてくれた。

国松 俊英「新しい国語 五」東京書籍

① 四年生になって治のかいたまんがの題名は何でしょう。
（ピンピン生チャン　　）

② みんなは治のかいたまんがをどのように楽しんでいましたか。
（回覧して　　）楽しんでいた。

③ 治が覚ごをしたことを、二つ書きましょう。
（大目玉をくらうこと。　　）
（二度とまんがをかいたらいけないと言われること。　　）

④ □に入る言葉を選んで○をつけましょう。
（　）だから
（　）さらに
（○）ところが

⑤ 治がほっとしたのはなぜですか。正しい文を選んで○をつけましょう。
（○）先生に○をつけられたから。
（　）先生にしかられず、しかもほめられたから。
（　）自分のかいたまんがが大評判になったから。

⑥ 治に大きな自信と勇気をあたえてくれた言葉は何ですか。
「手塚は大人になったら、まんが家になれるかもしれないよ。」

伝記 手塚治虫②

● 次の文章を読んで後の問いに答えましょう。

名前　　　月　日

ペンネームは、好きな虫であるオサムシから
つけた「治虫」を使った。新人まんが家、手
塚治虫の誕生である。

しばらくして手塚治虫は、ベテランのまん
が家、酒井七馬と二人でまんがを作った。
一九四七年（昭和二十二年）一月に刊行した
まんが「新宝島」は、大ヒット作となっ
た。この本がヒットしたのは、治虫が全く新
しい手法でまんがをかいたからである。

それまでのまんがは、演劇の舞台のように
固定された画面でかかれていた。同じ画面
に、同じ大きさの人物が出てきて、せりふを
しゃべるだけである。けれど治虫は、まんが
にもっと動きをあたえ変化をつけようと、映
画の手法である クローズアップやロングショ
ットを使った。

大切な場面になると、何コマも使って同じ
人物をかいていき、顔の表情や動きを
いきいきとえがき出した。画面を上からや下から
など、いろんな角度から見てかく手法もとっ
た。

どれも、それまでなかったまんがのかき方
だ。スピード感が出て、はくりょくがあり、人
物の心の動きまでが読む人に伝わってくる。
治虫は小学生のころから、たくさんの映画を
見てきた。そのことが役立った。

国松俊英「新しい国語 五」東京書籍

① 「新宝島」が大ヒットしたのはなぜですか。

　治虫が全く新しい手法で
　まんがをかいたから。

「～から。」と理由を答えているね

② それまでのまんがはどんな画面でかかれてい
たのですか。

　演劇の舞台のように固定された画面
（げき）（ぶ）

③ 映画の手法とはどんな手法ですか。

　クローズアップやロングショット

④ 治虫のまんがのかき方にはどんなよさがあり
ますか。三つに分けて書きましょう。

　　スピード感　　が出る。
　　はく力　　　　がある。
　　人物の心の動き　が伝わってくる。
（えい）

⑤ 治虫のまんがのかき方に役立ったことは何で
すか。

　小学生のころからたくさんの映画を見てきたこと。
（えい）

よく考えて！
君ならとけるよ

伝記 手塚治虫③

● 次の文章を読んで後の問いに答えましょう。

名前　　　月　日

一九五〇年（昭和二十五年）十一月には、
雑誌で「ジャングル大帝」の連載を始めた。
アフリカ中央部のジャングルの王者、白いラ
イオンの物語である。二年後に生み出したの
は、空想科学まんが「鉄腕アトム」だった。
アトムは、七つの超能力を持つロボットだ
が、人間と同じような温かい心を持ってい
た。一九五三年（昭和二十八年）には、少女
雑誌で「リボンの騎士」の連載を始めた。少
女サファイヤが剣を取って、悪い人間と戦う
物語だ。どれも長編で、しっかりしたスト
ーリーのもとに作られていた。

こうして売れっ子のまんが家になっていっ
た治虫だが、さらにもう一つの夢を大切に育
てていた。アニメーションを作ることであ
る。そのため、ディズニーの映画が来ると、
必ず映画館に足を運んだ。長編アニメ「バン
ビ」が公開されたときは、初日の一回目に行
き、夜まで七回の上映を全部見た。毎日映画
館に行って、「バンビ」を計八十回も見て、
作り方を研究した。

一九六一年（昭和三十六年）、治虫は東京
の練馬区に、アニメーションのスタジオを作
った。最初は実験アニメーションから始め、
翌年には日本初のテレビアニメーション「鉄
腕アトム」の製作を始めた。長い間の夢をと
うとう実現させたのである。

国松俊英「新しい国語 五」東京書籍

① 治虫のかいた作品と合う内容を　　　から選
んで記号で書きましょう。

　ジャングル大帝　　ア
　鉄腕アトム　　　　ウ
　リボンの騎士　　　イ

ア 少女サファイヤが悪い人間と戦う物語
イ アフリカの白いライオンの物語
ウ 七つの超能力を持つロボットの物語

② 治虫のもう一つの夢は何でしょう。

　アニメーションを作ること。

③ ②のためにしたことは何でしょう。

　ディズニーの映画が来ると、
　必ず映画館に足を運んだこと。
（えい）

④ 「バンビ」が公開されたときは、合計で何回
作品を見ましたか。

　　八十回

⑤ 治虫の実現させた夢とは何を始めたことです
か。

　テレビアニメーション
　「鉄腕アトム」の製作（を始めたこと）。
（わん）

「火の鳥」や
「ブラック・ジャック」も
有名だよ

説明文 言葉と事実③

名前　　　　　　月　　日

次の文章を読んで後の問いに答えましょう。

同じ（1）でも、（2）によってちがった「事実」の受け取り方をする、ということがよくわかるでしょう。そればかりか、人は、（3）だけを信用し、（4）に目を向けずに行動してしまうことがあるのです。

これまであげてきた例のようなことは、わたしたちの日常生活の中でもよく起きています。事実と言葉が結びついていても、人がちがえばことなった言葉で表され、ことなった（5）をあたえることがあります。そこには、一人一人のものの見方のちがいが表れているのです。そして時には、「受け取る側にこんな（5）をあたえよう」と考えて、言葉が用いられることもあります。

このように考えると、わたしたちが話したり書いたりするときには、ある一つの事実を表すにも、それをどのようにとらえ、どのように表すかということに気を配る必要があります。一方、話を聞いたり、本を読んだりするときには、話し手や書き手が事実をどのように表しているか、その言葉によってどのようなものの見方をし、どのような目的で、何を伝えようとしているか、というところまで考えてみる必要があるのです。

福沢周亮「ひろがる言葉 小学国語 五上」教育出版

① （1）（2）（3）（4）に入る言葉が「事実」ならA、「言葉」ならBと書きましょう。
　1（A）　2（B）　3（B）　4（A）

② 同じ（1）でも、人によってことなることとなる言葉で表されるのは、何が理由ですか。
　（一人一人のものの見方のちがい　）

③ （5）に入る言葉を選んで〇をつけましょう。
　　事実
　　言葉
　〇印象

④ それとは何を表していますか。
　（ある一つの事実　）

⑤ 話を聞いたり、本を読んだりするとき、話し手や書き手のどのようなことを考えてみる必要がありますか。
　・どのような [言葉] で表しているか。
　・どのような [ものの見方] をしているか。
　・どのような [目的] で伝えようとしているか。

説明文 固有種が教えてくれること①

名前　　　　　　月　　日

次の文章を読んで後の問いに答えましょう。

ウサギといえば、耳が長くてぴょんぴょんはねる、鳴かない動物——そう考える人が多いのではないでしょうか。□ 、アマミノクロウサギという種はちがいます。耳は約五センチメートルと短く、ジャンプ力は弱く、そのうえ「ピシー」という高い声で鳴くのです。このウサギは、日本だけにいきにしか生息していない、特定の国やちいきにしかいない動植物のことを「固有種」といいます。

ウサギには、古い時代から生き続けている種が多くいます。アマミノクロウサギも、およそ三百万年以上前からほぼその形のままで生きてきたとされる、めずらしいウサギです。このウサギを「ぴょんぴょんはねる」「鳴かない」というふつうのウサギと比べると、長い進化の過程で手に入れられたものなのだということが分かります。固有種と他の種とを比べることは、生物の進化の研究にとても役立つのです。日本には、固有種がたくさん生息するゆたかな環境があります。わたしは、この固有種がすむ日本の環境を、できるだけ残していきたいと考えています。

今泉忠明「国語五 銀河」光村図書

① ウサギとは、ふつうどんな動物ですか。を三つに分けて書きましょう。　特徴
　・耳が長い。
　・ぴょんぴょんはねる。
　・鳴かない。

② □ に入る言葉を選んで〇をつけましょう。
　〇しかし
　　そして
　　さらに

③ アマミノクロウサギの特徴を三つに分けて書きましょう。
　・耳は約五センチメートルと短い。
　・ジャンプ力は弱い。
　・「ピシー」という高い声で鳴く。

④ 固有種とは何ですか。
　（特定の国やちいきにしかいない動植物　（のこと）　）

⑤ アマミノクロウサギはいつからほぼそのままのすがたで生きてきましたか。
　（およそ三百万年以上前　）

⑥ 固有種と他の種とを比べることは何に役立つのですか。
　（生物の進化の研究　）

それぞれ1つの文にして答えよう

35

説明文　固有種が教えてくれること②

名前　　　　　　月　日

次の文章を読んで後の問いに答えましょう。

では、現状はどうでしょうか。明治時代以降、人間の活動が活発になり、森林のばっさいや外来種の侵入が進みました。それによって、動物たちのすむ場所が消失するという問題が起こり、すでに絶滅したほ乳類も最もよく知られているのは、本州・四国・九州に生息し、一九〇五年に記録されたものを最後に消息を絶ったニホンオオカミでしょう。二〇一二年には、ニホンカワウソの絶滅が宣言されました。ニホンリスも数が減少しており、すでに九州では絶滅したのではないかともいわれています。人間の活動によって、固有種が減ってきているのです。

この問題が分かってから、固有種などのある動植物を「絶滅危惧種」などとランク分けしたり、積極的な保護が行われてきました。例えばニホンカモシカは、らんかくによって一時は絶滅したのではないかとされ、「まぼろしの動物」とよばれるほどに減少しました。しかし、一九五五年に特別天然記念物として保護されるようになると再び増加し、現在は全国に十万頭以上にまで増えました。保護したことがよい結果を生んだのです。

今泉忠明「国語五　銀河」光村図書

① 明治時代以降、人間の活動が活発になると何が進みましたか。
（森林のばっさいや外来種の侵入　）

② すでに絶滅したほ乳類で最もよく知られているのはどんな動物ですか。
（ニホンオオカミ　）

③ 二〇一二年に絶滅を宣言されたのはどんな動物ですか。
（ニホンカワウソ　）

④ 九州では絶滅したのではないかといわれているのはどんな動物ですか。
（ニホンリス　）

⑤ 固有種が減ってきている原因は何ですか。
（人間の活動　）

⑥ 積極的な保護とはどんなことですか。文中のその部分に線を引きましょう。

⑦ なぜニホンカモシカは「まぼろしの動物」とよばれているのですか。
（らんかくによって一時は絶滅（めつ）したのではないかとされるほどに減少したから。　）

「なぜ」と聞かれて「〜から。」と理由を答えているね

説明文　固有種が教えてくれること③

名前　　　　　　月　日

次の文章を読んで後の問いに答えましょう。

しかし、いいことばかりは続きませんでした。ニホンカモシカは、生息場所である天然林が減少するのにともなって、植林地に現れ、幼木の芽を食べるようになりました。そのためきらわれ、特別天然記念物にもかかわらず、ちいきによっては害獣として〈じょ〉されるようになったのです。固有種の保護は、その生息環境の保護とのバランスが重要なのです。

今、絶滅が心配されている固有種が数多くいます。絶滅してしまうと、その動物には二度と会うことができなくなります。数万から数百万年もの間生き続けてきた固有種は、生物の進化や日本列島の成り立ちの生き証人としてちょうな存在です。また、日本列島のゆたかで多様な自然環境が守られていることのあかしでもあります。その固有種は、この日本でしか生きていくことができません。ですから、わたしたちは、固有種がすむ日本の環境をできる限り残していかなければなりません。それが、日本にくらすわたしたちの責任なのではないでしょうか。

今泉忠明「国語五　銀河」光村図書

① ニホンカモシカは生息場所の天然林からどこに現れるようになりましたか。
（植林地　）

② 〈じょ〉とはどんな意味ですか。正しい意味を選んで○をつけましょう。
（　）追いはらうこと
（○）みとめること
（　）助けること

③ 幼木の芽を食べるようになった。で何をするようになりましたか。
（幼木の芽を食べるようになった。　）

「〜なった。」「〜した。」と答えよう

④ 固有種は、生物の進化や日本列島の成り立ちの生き証人とはどういうことですか。正しい文を選んで○をつけましょう。
（　）固有種は生物の進化や日本列島の成り立ちを支えてきたから。
（　）固有種は生物の進化や日本列島の成り立ちを見るように長く生き続けてきたから。
（○）固有種は生物の進化や日本列島の成り立ちのえいきょうを受けずに生きてきたから。

⑤ わたしたちの責任とはどんなことですか。
（固有種がすむ日本の環境をできる限り残していかなければならないこと。　）

説明文「弱いロボット」だからできること①

名前 〔　　〕　　月　日

● 次の文章を読んで後の問いに答えましょう。

　現在、わたしたちを取り巻くテクノロジーは、目まぐるしい進歩を続けています。インターネットから必要な情報をいつでも得られるスマートフォンやパソコンは、もはやわたしたちの生活の一部となりました。かつては夢の技術であった自動車の自動運転機能も、実用化が進んでいます。ロボットについても、かいごや家庭など、人と関わる際に使われるものが登場し、高性能化が進んでいます。

　テクノロジーが進歩し、次々に新しい製品が開発される背景には、「便利で高い性能を持つものほどよいものだ」という考えがあります。しかし、そうした「何かをしてくれる」製品が世の中にあふれることにより、わたしたちは、□□□存在であることをあたりまえのように感じるようになります。そうすると、わたしたちはますます多くの機能や便利さを求めるようになり、してくれないことにがまんができなくなったり、してもらって当然だという気持ちになったりすることが増えてしまいます。

岡田 美智男「新しい国語 五」東京書籍

① テクノロジーとはどんな意味ですか。正しい意味に○をつけましょう。
　（○）科学技術のこと
　（　）地球かん境のこと
　（　）ロボット製品のこと

② 今、実用化が進んでいる夢の技術だったものとは何ですか。
（　自動車の自動運転機能　）

③ 高性能化が進んでいるものは何ですか。
（　ロボット　）

④ 次々に新しい製品が開発される背景にはどんな考えがありますか。
（便利で高い性能を持つものほどよいものだという考え。）

⑤ □□□に入る言葉に○をつけましょう。
　（　）何かをしてあげる
　（　）何かをしてくれる
　（○）何かをしてもらう

⑥ あたりまえと同じ意味の言葉を文の中から選びましょう。
（　当然　）

説明文「弱いロボット」だからできること②

名前 〔　　〕　　月　日

● 次の文章を読んで後の問いに答えましょう。

　具体的に、「ごみ箱ロボット」の例を見てみましょう。「ごみ箱ロボット」は、その名前の通り、ごみ箱の形をしたロボットです。その見た目はほとんどごみ箱であり、そこに車輪が付いて動けるようになっているものです。このロボットには、ごみを拾うための機能がありません。底に付いた車輪を使って、よたよたと歩くだけです。この歩く動きは、まるで□□□生き物のように見えます。このごみ箱ロボットの様子を見た人は、思わず、手にしたごみを拾って投げ入れたり、落ちているごみを投げ入れたりします。すると、このロボットはセンサーによってごみが投げ入れられたことを感知し、ほんの小さくおじぎをします。ごみを投げ入れた人は、これを見て、なんとなくうれしい気持ちになるでしょう。こうやって周りの人の協力を得ながら、このロボットはその場をきれいにすることができるのです。

　このように、「弱いロボット」には、周りの人の協力を引き出したり、行動をそそった りする力があります。また、ロボットと人の関わりにおいても、たがいの思いが伝わる気がしたり、手伝うことの喜びを感じたりすることができます。

岡田 美智男「新しい国語 五」東京書籍

① ごみ箱ロボットはどんな形をしていますか。
（　ごみ箱の形　）

② ごみ箱ロボットはどのように歩きますか。
（車輪を使って）よたよたと歩く。

③ □□□に入る言葉に○をつけましょう。
　（　）強そうな
　（　）すばやい
　（○）たよりない

④ 人がごみを入れるとロボットはどうしますか。
（ほんの小さくおじぎをする。）

⑤ ごみ箱ロボットが得る、周りの人の協力とはどんなことですか。
（手にしたごみを投げ入れたり、落ちているごみを拾って投げ入れたりすること。）

⑥ 弱いロボットにはどんな力がありますか。
（周りの人の協力を引き出したり、行動をそそったりする力。）

⑦ 正しい文に○をつけましょう。
　（　）ごみ箱ロボットはごみを拾うロボットである。
　（○）ごみ箱ロボットの様子を見た人にごみを投げ入れさせるロボットである。
　（　）弱いロボットはこれやすいロボットである。

「よたよたと歩き」から、どんな様子がイメージできるかな？

説明文「弱いロボット」だからできること③

名前　　　月　日

次の文章を読んで後の問いに答えましょう。

この「弱いロボット」が持つ「弱さ」は、人間の赤ちゃんに似ているのではないでしょうか。生まれて半年ほどの赤ちゃんは、歩くこともできませんし、言葉を話すこともできません。一人で何もできないという意味では、「弱い」存在だと言えるでしょう。しかし赤ちゃんは、何もできないのに、周りの大人たちの関心と手助けを引き出します。赤ちゃんがぐずりだすと、大人たちは、「おなかがすいたのだろうか」「遊んでほしいのかな」などと考え、ミルクを用意したり、おもちゃで遊んだりします。「弱い」存在でありながら、周囲の人々の協力をとり、ほしいものを手にすることができるのです。

赤ちゃんは、その「弱さ」ゆえに、人々との関わりを作りだす力を持っています。さらに、赤ちゃんを共に世話する集団として、周囲の人どうしの協力関係も作りだしているのです。ごみ箱ロボットが、自分では十分な機能を持たずにその場所をきれいにすることができるのは、こうした関わり合いを、ロボットと人間の間に、あるいは、その場にいる人間どうしの間に作ることができるからなのです。それは、「何かをしてくれる」ロボットとの関係ではなく、たがいに支え合う心地よい関係だと言えるでしょう。

岡田 美智男「新しい国語 五」東京書籍

① 弱いロボットが持つ弱さは何に似ていますか。
（　人間の赤ちゃん　）

② 赤ちゃんは弱い存在だと言えるのはどうしてですか。
（一人で何もできないから。）

③ 赤ちゃんは何もできないのに、周りの大人たちから何を引き出しますか。
（　関心と手助け　）

④ 赤ちゃんの弱さが持っている力はどんな力ですか。
（人々との関わりを作りだす力）

⑤ ごみ箱ロボットがその場所をきれいにできるための関わりは何と何の間に作られますか。二つ書きましょう。
（ロボットと人間の間）
（その場にいる人間どうしの間）

⑥ 「弱いロボット」と人間の関係とはどんな関係ですか。
（たがいに支え合う心地よい関係）

> 「なぜ」と同じで理由を聞かれているので「〜から。」と答えているよ

説明文 言葉の意味が分かること①

名前　　　月　日

次の文章を読んで後の問いに答えましょう。

あなたが、小さな子どもに「コップ」の意味を教えるとしたらどうしますか。言葉でくわしく説明しても、子どもはその説明に出てくる言葉を知らないかもしれません。「実物を見せればいい。」と思う人もいるでしょう。□、コップには、色や形、大きさなど、さまざまなものがあります。持ち手のついた小さい赤いコップ、持ち手のない大きなガラスのコップ、どちらをコップとして見せればよいでしょうか。また、コップのような形をしていても、花びんとして作られたものがあるかもしれません。スープを入れる皿にも、コップに似たものがありそうです。そう考えると、使い方も理解してもらわなければなりません。

ここから分かるように、一つの言葉が指すものの中にも、「コップ」という言葉は、色や形、大きさ、使い方など、さまざまな特徴をもったものがふくまれます。つまり「コップ」の意味には広がりがあるのです。また、その広がりは、「皿」「わん」「湯のみ」「グラス」「カップ」といった他の食器や、「花びん」のような他の似たものを指す言葉との関係で決まってくるのです。

今井 むつみ「国語 五 銀河」光村図書

① □に入る言葉を選んで○をつけましょう。
（　）しかし
（○）だから
（　）つまり

② コップにはさまざまなものがありますが、見た目はそれぞれどこがちがっていますか。三つ書きましょう。
（　色　）（　形　）（　大きさ　）

③ どちら〜とは、何と何をさしていますか。
（持ち手のついた小さい赤いコップ）
（持ち手のない大きなガラスのコップ）

④ コップのような形をしていてもコップではないものを文中から二つ書きましょう。
（　花びん　）
（スープを入れる（　皿　））

⑤ 「コップ」の意味の広がりは、他の器や似たものを言葉との関係で決まってきます。その例として挙げられているものを文中から六つさがして線を引きましょう。

⑥ 正しい文に○をつけましょう。
（　）コップの意味を教えるのには実物を見せればいい。
（　）コップの意味を言葉でくわしく教えると小さな子どもは理解できる。
（○）コップの意味を教えるには使い方も理解してもらわなければならない。

説明文 言葉の意味が分かること②

名前　　　　月　日

次の文章を読んで後の問いに答えましょう。

つまり、この言いまちがいの原因は、自分が覚えた言葉を、別の場面で使おうとしてうまくいかなかったことといえます。言葉の意味のはんいを広げて使いすぎたのです。

同じことは、母語ではない言語を学ぶときにも起こります。

「朝食にスープを食べました。」

これは、アメリカ人の留学生（りゅうがくせい）が言った言葉です。日本語では、スープは「飲む」と表現することが多いため、日本語を母語とする人が聞くと、やや不自然に聞こえます。子どもとはちがい、この留学生は、「飲む」という言葉を知らなかったわけではありません。

それでは、どうしてこのような表現をしたのでしょうか。

それは、英語と同じ感覚で「食べる」といった言葉を使ったことが原因です。英語では、ものを食べる動作を「eat（イート）」という言葉で表しますが、これをスープに対しても使うため、「スープを食べる」という表現をしたのでしょう。日本語の「食べる」と、英語の「eat」は似た意味の言葉ですが、意味のはんいがちがうのです。「食べる」と「eat」以外の言葉にも、こういったちがいはあります。

今井 むつみ「国語 五 銀河」光村図書

① 「朝食にスープを食べました。」と言ったのはだれですか。
（アメリカ人の留学生　）

② 日本語ではスープを「食べる」ことを何と表現しますか。
スープを（飲む　）

③ ①のような表現をした原因は何ですか。
（英語と同じ感覚で「食べる」という言葉を使った　）こと。

④ ものを食べる動作のことを英語では何という言葉で表現しますか。
（eat　）

⑤ 日本語の「食べる」と英語の「eat」は似ていますが何がちがうのですか。
（意味のはんい　）

⑥ 正しい文に○をつけましょう。
（　）アメリカの留学生は「飲む」という言葉を知らなかった。
（○）「スープを食べる」という表現はやや不自然に聞こえる。
（　）「食べる」と「eat」はまったく同じ言葉である。

説明文 言葉の意味が分かること③

名前　　　　月　日

次の文章を読んで後の問いに答えましょう。

わたしたちが新しく言葉を覚えるときには、物や様子、動作と言葉とを、一対一で結び付けてしまいがちです。これは、言葉の意味を「点」として考えているといえるでしょう。しかし、言葉の意味には広がりがあり、言葉を適切に使うためには、そのはんいを理解する必要があります。つまり、母語でも外国語でも、言葉を学んでいくときには、言葉の意味を「面」として理解することが大切になるのです。

さらに、言葉の意味を「面」として考えることは、ふだん使っている言葉や、ものの見方を見直すことにもつながります。あなたは、これまでに「かむ」と「ふむ」が似た意味の言葉だと思ったことはありましたか。どうしてスープは「食べる」ではなく、「飲む」というのか、考えたことがありますか。これらの例は、知らず知らずのうちに使い分けている言葉を見直すきっかけとなります。そして、わたしたちが自然だと思っているものの見方が、決して当たり前ではないことに気づかせてくれます。みなさんは、これからも、さまざまな場面で言葉を学んでいきます。また、外国語の学習にもちょうせんするでしょう。そんなとき、「言葉の意味は面である」ということについて、考えてみてほしいのです。

今井 むつみ「国語 五 銀河」光村図書

① 次の文は、言葉の意味を「点」と「面」のどちらで理解していますか。（　）に点か面のどちらかを書きましょう。
ア 物や様子、動作と言葉とを一対一で結びつける。（点　）
イ 言葉の意味の広がりとはんいを理解する。（面　）

② 言葉の意味を「面」として考えることはどんなことにつながりますか。
（ふだん使っている言葉や、ものの見方を見直す　）こと。

③ これらの例とは、どんなことですか。
・（「かむ」と「ふむ」が似た意味の言葉だと思ったこと。）
・（どうしてスープは「食べる」ではなく、「飲む」というのか、考えたこと。）

④ 決して当たり前ではないこととは何ですか。
（わたしたちが自然だと思っているものの見方　）

⑤ 正しい文に○をつけましょう。
（　）言葉の意味を点で理解しなければならない。
（○）言葉の意味を面として理解することが大切である。
（　）日本語より外国語のほうが言葉の意味が広い。

説明文 和の文化を受けつぐ ―和菓子をさぐる①

名前　　　　　　月　日

次の文章を読んで後の問いに答えましょう。

かつて、「菓子」という言葉は木の実や果物のことを意味していました。あまい物が少なかったため、今のわたしたちが菓子を食べるように、木の実や果物を食べていたのでしょう。その一方で、もちやだんごのようなものは、保存のためや野山に持っていくために作られていたと考えられています。こうした日本古来の食べ物に、外国から来た食べ物がえいきょうをあたえることで、和菓子の歴史に変化が生まれます。

えいきょうをあたえたものの一つ目は、飛鳥から平安時代に、中国に送られた使者が伝えた唐菓子です。唐菓子の多くは、米や麦の粉のきじをさまざまな形に作り、油であげたものでした。二つ目は、鎌倉から室町時代に、中国に勉強に行った僧が伝えたもので、その中に、まんじゅうようなんどの原形となるものがありました。三つ目は、戦国時代から安土桃山時代を中心に伝わった南蛮菓子です。ポルトガルやスペインから、カステラやコンペイトー、ボーロなどの菓子が伝わりました。これらの食べ物の製法などが、日本の菓子に応用されていったのです。

中山圭子『新しい国語 五』東京書籍

① かつて、「菓子」という言葉は何のことを意味していましたか。
（　木の実や果物　）

② もちやだんごのようなものは何のために作られていましたか。
（保存のためや野山に持っていくため。）

③ 日本古来の食べ物にえいきょうをあたえたものは何ですか。
（　外国から来た食べ物　）

④ 唐菓子は何時代にだれが伝えたものですか。
時代（　飛鳥から平安時代　）
だれ（　中国に送られた使者　）

⑤ 点心とは何ですか。
（　食事の間にとる軽い食べ物　）

⑥ カステラやコンペイトー、ボーロなどの菓子を何といいますか。
（　南蛮菓子　）

がんばったら
おやつを食べよう！

説明文 和の文化を受けつぐ ―和菓子をさぐる②

名前　　　　　　月　日

次の文章を読んで後の問いに答えましょう。

和菓子は年中行事と結び付き、人々の生活の中に根付いていきました。年中行事には、季節の変わり目や、何かの節目に関わるものが多くあり、そこで食べる和菓子には、子どもの成長や家族の健康など、人々の願いや思いがこめられているものがあります。

例えば、三月三日のももの節句には、ひしもちや草もちなどを食べ、五月五日のたんごの節句には、かしわもちやちまきなどを食べます。ひしもちや草もちには、わざわいをよせ付けないようにという願いがこめられているといわれ、かしわもちには、子孫はん栄の願いがこめられているといわれています。

また、和菓子は茶道とも深い関わりを持っています。茶道では、四季の移り変わりや季節の味わいを大切にしています。そのため、茶会で使われる和菓子にも同様に、季節をたくみに表現したものが求められてきました。

中山圭子『新しい国語 五』東京書籍

① 和菓子は何と結び付き、どこに根付いていきましたか。
（　年中行事　）と結び付き、
（　人々の生活の中　）に根付いています。

② 人々の願いや思いとは何ですか。
（子どもの成長や家族の健康）

③ 三月三日のももの節句には、何を食べますか。
（　ひしもちや草もち　）

④ 五月五日のたんごの節句には、何を食べますか。
（かしわもちやちまき）

⑤ ひしもちや草もちには、どんな願いがこめられているといわれていますか。
（わざわいをよせ付けないようにという願い）

⑥ かしわもちには、どんな願いがこめられていますか。
（　子孫はん栄の願い　）

⑦ なぜ茶会で使われる和菓子には、季節をたくみに表現したものが求められるのですか。
（茶道では、四季の移り変わりや季節の味わいを大切にしているから。）

「なぜ」と聞かれて「〜から。」と理由を答えているね

41

説明文 和の文化を受けつぐ —和菓子をさぐる③

名前

月　日

● 次の文章を読んで後の問いに答えましょう。

また、和菓子作りには、梅やきくの花びらなどの形を作るときに使う「三角べら」や「和ばさみ」、らくがんを作るときに使う「木型」など、さまざまな道具が必要です。

さらに、あずきや寒天、くず粉などの上質な材料も和菓子作りには欠かせませんが、それらの多くは、昔ながらの手作業によって作られています。和菓子作りに関わる道具や材料を作る人たちも、和菓子の文化を支えているのです。

一方、和菓子を作る職人がいても、それを食べる人がいなければ、和菓子はいずれなくなってしまうのではないでしょうか。

わたしたちが季節の和菓子を味わったり、年中行事に合わせて作ったりすることも、和菓子の文化を支えることだといえるでしょう。和菓子は、和菓子作りに関わる職人だけではなく、それを味わい楽しむ多くの人に支えられることで、現在に受けつがれているのです。

中山圭子「新しい国語 五」東京書籍

① 和菓子作りに使う道具を三つあげましょう。
（三角べら）（和ばさみ）（　木型　）

② 和菓子作りに欠かせない上質な材料を三つあげましょう。
（あずき）（　寒天　）（　くず粉　）

③ 和菓子がなくなってしまわないためには誰が必要ですか。
（和菓子を食べる人　）

④ □に入る言葉を選んで○をつけましょう。
（　○　）ですから
（　　　）ところが
（　　　）たとえば

⑤ 和菓子の文化を支えるためにわたしたちができることを二つあげましょう。
（季節の和菓子を）（　が　）
（　　　　　　　　　　　）年中行事に合わせて作ること。

⑥ 正しい文二つに○をつけましょう。
（　○　）和菓子の道具や材料作りは手作業が多い。
（　○　）和菓子を食べる人も和菓子を支えている。
（　　　）和菓子はいずれなくなってしまう。

「〜こと。」と答えよう

説明文 想像力のスイッチを入れよう①

名前

月　日

● 次の文章を読んで後の問いに答えましょう。

学校のマラソン大会で、あなたが十位に入ったとしよう。あなたの、前回のマラソン大会での結果は、五位だったとする。順位が下がったあなたは、こう言うだろう。

「前回より、五位も下がってしまいました。」

先生はこう言うかもしれない。

「でも、三十秒もタイムがちぢまっていますよ。」

このように、同じ出来事でも、何を大事と思うかによって、発信する内容がずいぶんちがってくる。

これは、学校や家庭での会話だけで起こることではない。わたしたちは、テレビやインターネット、新聞など、さまざまな手段で世の中の情報を得ている。こうした手段のことを「メディア」というが、これらメディアから発信される情報もまた、事実の全ての面を伝えることはできない。それぞれのメディアは、大事だと思う側面を切り取って、情報を伝えているのである。

下村健一「国語五 銀河」光村図書

① □に当てはまる言葉を選んで○をつけましょう。
（　　　）だから
（　　　）もし
（　○　）しかし

② マラソン大会の結果で、あなたと先生はそれぞれ何を大事にしているのですか。
あなた…（　順位　）
先生……（　タイム　）

③ 文中での、わたしたちが世の中の情報を得ている手段とは何ですか。三つ書きましょう。
（テレビ）（インターネット）（　新聞　）

④ ③以外で、わたしたちが情報を得ている手段をあと一つ考えて書きましょう。
（例）ラジオ、雑し

⑤ 情報を得ている手段のことを何といいますか。
（メディア　）

⑥ メディアからの情報も全ての面を伝えることができないのはなぜですか。
（それぞれのメディア）が、（　大事　）だと思う（側面を切り取っている）から。

説明文 想像力のスイッチを入れよう②

名前　　　　　月　日

次の文章を読んで後の問いに答えましょう。

そして、いったん立ち止まったら、次は、メディアが伝えた情報について、冷静に見直してみよう。この報道の中で、

「Aさんは、報道陣をさけるため、うらロからにげるように出ていきました。」

というレポートがあったとする。これを聞くと、あなたは、Aさんが何かをかくしているように思わないだろうか。（1）、うらロから出たのは、その方向に行く必要があったからかもしれない。こう想像してみると、「報道陣をさけるため」というのは、レポーターがいだいた印象にすぎない可能性がある。（2）、急がなければならない理由があったのかもしれないから、「にげるように」も印象だろう。（3）、想像力を働かせながら、一つ一つの言葉について、『事実かな、印象かな。』と考えてみることが大切である。この

レポートから、印象が混じっている可能性のある表現を取りのぞくと、結局、確かな事実として残るのは、「Aさんは／うらロから／出ていきました」という言葉だけになる。ここには、Aさんが次の監督になると判断する材料は何もない。

下村健一「国語五 銀河」光村図書

① （1）（2）（3）に当てはまる言葉を□から選んで記号を書きましょう。

1（イ）　2（ウ）　3（ア）

ア このように　イ しかし　ウ また

② 次の言葉は「事実」ですか「印象」ですか。（ ）に事実はア、印象はイと書きましょう。

Aさんは（ア）
報道陣をさけるため（イ）
うらロから（ア）
にげるように（イ）
出ていきました。（ア）

③ ここことは何をさしていますか。

④ 「最後には」という意味の言葉を文中からさがしましょう。

（ 結局 ）

⑤ 「Aさんは／うらロから／出ていきました」という言葉

「元気そうな／赤ちゃんは／気持ちよさそうに／ねている。」という文を事実と印象に分けて、番号を書きましょう。

事実（①）（②）（③）（④）
印象（⑤）
※順不同

説明文 想像力のスイッチを入れよう③

名前　　　　　月　日

次の文章を読んで後の問いに答えましょう。

結局、サッカーチームの次の監督には、別の人が選ばれた。Aさんは関係なかったのである。しかし、この期間、Aさんは多方面から注目され、Aさんに大きな仕事をたのむとしていた会社が、「Aさんは監督になるから、いそがしくなるだろう。」と、他の人にその仕事のいらいを変更してしまうなどのことが起こった。

ここに例示した報道は、架空の話である。しかし、このように、思いこみや推測によってだれかを苦しめたり、だれかが不利益を受けたりすることは、実際に起こりうるのだ。

メディアは、わざとわたしたちをだましたり、あやまった思いこみをあたえたりしようとしているわけではない。少しでも早く、分かりやすく、情報を伝えようと工夫する中で、時に、思いこみにつながる表現になってしまうことがあるのだ。そんな思いこみを防ぐために、メディアの側も、それぞれに努力が必要なのである。

あなたの努力は何をすることか。それは、頭の中で「想像力のスイッチ」を入れることだ。あたえられた小さいまどから小さい景色をながめるのでなく、自分の想像力でかべを破り、大きな景色をながめて判断できる人間になってほしい。

下村健一「国語五 銀河」光村図書

① 架空とはどんな意味ですか。正しいものを選んで○をつけましょう。
（ ）頭の中で想像してつくり出すこと。
（ ）まちがって伝えられること。
（ ）みんなが知っていること。

② 報道での思いこみや推測で起こりうることはどんなことですか。
「～こと。」と答えよう
（ だれかを苦しめたり、だれかが不利益を受けたりすること。）

③ それぞれとは、何と何ですか。
（ メディアの側 ）と
（ 情報を受け取るあなたの側 ）

④ 「想像力のスイッチ」を入れるとは、どんなことですか。
（ あなたの努力は何をすることですか。正しい文を選んで○をつけましょう。）

⑤ 小さい景色とはどんなことですか。正しい文を選んで○をつけましょう。
（ ）遠くから見た自然の風景。
（ ）特定の部分に限定された情報。
（ ）自分だけで考えようとすること。

⑥ 正しい文に○をつけましょう。
（ ）メディアはわざとわたしたちをだますことがある。
（ ）メディアもわたしたちも思いこみを防ぐ努力が必要である。
（ ）メディアはいつも分かりやすく情報を伝えている。

説明文 動物たちが教えてくれる海の中のくらし①

名前　　　　　月　日

● 次の文章を読んで後の問いに答えましょう。

動物たちは海の中で何を見て、どんなことを考えて日々くらしているのだろうか。あたりまえのことだが、動物たちはすでに答えを知っている。どうしてもそれを知りたい研究者たちは、新しい手法を考案した。動物にデータロガーという小型の記録計を取り付けて、わたしたちが観察できない海中の行動を、動物たちに直接教えてもらうのだ。動物が自分の行動データを取ってくるこのやり方には、「バイオロギング」という名前が付いている。「バイオロギング」とは、「生物が（バイオ）記録する（ロギング）」という意味である。

このバイオロギングを使ってさまざまな動物たちのデータを取っていく中で、不思議なことに気がついた。それは、泳ぐ速さと体の大きさの関係だ。(1)、体重十二キログラムのキングペンギンは、えさがある深さと水面の間を往復するとき、時速七・六キロメートルで泳いでいた。(2)、体重三百三十キログラムのウェッデルアザラシは、時速五・四キロメートルで泳いでいた。人間の場合、体の大きい大人は小さい子どもより速く歩く。だから、体の大きなウェッデルアザラシのほうが当然速く泳いでいると思っていたのに、小さなキングペンギンのほうがやや速く泳いでいることになる。

佐藤 克文「新しい国語 五」東京書籍

① 文中の答えに対する問いの文をぬき書きしましょう。

② 動物に取り付ける小型の記録計を何と言いますか。
（データロガー　　　）

③ バイオロギングとはどんなやり方ですか。
（動物が自分の行動データを取ってくるやり方。）

④ バイオロギングとはどんな意味ですか。
「生物が記録する」という意味

⑤ 不思議なこととは何ですか。
（泳ぐ速さと体の大きさの関係）

⑥ (1) (2) に入る言葉を選んで、記号を書きましょう。
1（イ）2（ア）
ア 一方　イ 例えば

⑦ なぜキングペンギンよりウェッデルアザラシの方が速く泳ぐと思っていたのですか。
（人間の場合、体の大きい大人は小さい子どもより速く歩くから。）

本文の言葉をそのまま書こう「、」や「。」も忘れずに！

「なぜ」と聞かれて「〜から。」と理由を答えているね

説明文 動物たちが教えてくれる海の中のくらし②

名前　　　　　月　日

● 次の文章を読んで後の問いに答えましょう。

どうやら、体が大きいからといって、必ずしも速く泳ぐわけではなさそうだ。
このことを確かめるためには、もっと大型の動物のデータが必要になる。わたしは、マッコウクジラの研究者に協力してもらい、マッコウクジラの海中での動きについて、データを取ってきてもらった。人間をひと飲みにできそうなほど大きなマッコウクジラの場合、いったいどれほど深くもぐり、どのくらいの速さで泳いでいるのだろう。
マッコウクジラに取り付けた装置には、クジラの動きがくわしく記録されていた。マッコウクジラは、チ千メートル以上の深さまでもぐっていた。そのときの泳ぐ速さは、時速五・八キロメートルだった。体重十トンをこえるマッコウクジラは、ペンギンやアザラシよりもはるかに大きいから、もっと速く泳ぐと思っていたが、ペンギンやアザラシと同じような速さで泳いでいた。

佐藤 克文「新しい国語 五」東京書籍

① このこととはどんなことですか。
（体が大きいからといって、必ずしも速く泳ぐわけではなさそうだということ。）

② マッコウクジラの研究者に協力してもらったのはどんなことですか。
（マッコウクジラの海中での動きについて、データを取ってきてもらったこと。）

③ マッコウクジラはどれくらいの深さまでもぐっていたのですか。
（チメートル以上（の深さ））

④ マッコウクジラの泳ぐ速さはどれぐらいですか。
（時速五・八キロメートル）

⑤ マッコウクジラがペンギンやアザラシよりももっと速く泳ぐと思っていたのはなぜですか。
（マッコウクジラは、ペンギンやアザラシよりもはるかに大きいから。）

⑥ 正しい文に〇をつけましょう。
（　）体が大きい動物ほど速く泳ぐ。
（　）マッコウクジラはチメートル以上ももぐれない。
（〇）マッコウクジラとペンギンやアザラシは同じような速さで泳ぐ。

名前

月 日

● 次の文章を読んで後の問いに答えましょう。

クジラの中でも最大となる体重九十トンのシロナガスクジラから、体重五百グラムのウトウという海鳥まで、いろいろな動物の泳ぐ速さをくらべてみた。すると、これだけ体の大きさがことなるのに、泳ぐ速さは時速四・〇から八・〇キロメートルのせまい範囲におさまっていることが分かった。これはいったいなぜなのか。

この結果から考えられるのは、次のようなことである。動物たちは毎日えさをとるために潜水をくり返している。かれらにとって大切なことは、できるだけ速く泳ぐことではなく、できるだけ楽に移動することだ。もしも、全速力で泳いでしまうと、わたしたちが走った後に息切れするのと同じように、せっかくえさのいる深さに引き返さなければならない。

ぐっと、えさ場までたどり着くのにすぐに水面に引き返すことになる。帰りに要する時間とどまることができなくなる。泳ぐことによるエネルギーの消費を最小限におさえるためには、速からずおそからず、いちばんよい速度で泳ぐのは何をおさえるためだ。それが時速四・〇から八・〇キロメートルだったのだ。

佐藤 克文 文「新しい国語 五」東京書籍

① いろいろな動物の泳ぐ速さはどれくらいの範囲におさまっていますか。
（時速四・〇から八・〇キロメートル　）

② えさをとるために潜水をくり返している動物たちにとって大切なことは何ですか。
（できるだけ楽な移動　）

③ もしも全速力で泳いでしまうと、どうしなければなりませんか。
（せっかくえさ場にたどり着いたのにすぐに水面に引き返さなければならない。）

④ ゆっくり泳ぐと、何ができなくなりますか。
（えさのいる深さに長時間とどまること。）

⑤ 　□　に入る言葉を選んで○をつけましょう。
　○（　　）さらに
　　（　　）逆に
　○（　　）だから
　（ゆっくり泳ぐ）

⑥ 動物が速からずおそからず、いちばんよい速度で泳ぐのは何をおさえるためですか。
（泳ぐことによるエネルギーの消費　）

名前

月 日

● 次の文章を読んで後の問いに答えましょう。

東京スカイツリーは、テレビ放送などの電波を関東一円に飛ばす電波とうで、高さが六三四メートルもあります。それまで首都けんからひっぱられず、どう自体で地上から立ち上がっている「自立式電波とう」としては、世界一の高さをほこります。二〇一一年十一月には、世界一高いタワーとして『ギネス世界記録二〇一二』という本にものりました。

このような高い電波とうを建設するにはわけがありました。

スカイツリー建設構想の始まりは、二〇〇三年にさかのぼります。それまで首都けんでは、東京タワーからテレビ放送の電波が飛ばされていました。しかし、高そうビルがたくさん建つようになり、電波がとどきにくい場所がふえてきました。そこで、電波を広い地域にとどけるために、東京タワーよりさらに高い六〇〇メートル以上の電波とうをつくる必要があったのです。

日本は地しんや台風の多い国です。このように高いタワーの建設にあたっては、巨大地しんや台風が起きても、タワーがくずれたりたおれたりしないことを目標にするひつようがありました。しかし、この目標を達成し、東京スカイツリーを建設するには、いくつもの問題がありました。

堀井 宏臣「みんなと学ぶ 小学校国語 五年上」学校図書

① 東京スカイツリーの高さは何メートルですか。
（六三四メートル　）

② 自立式電波とうとはどんな電波とうなのですか。
（どう自体で地上から立ち上がっている電波とう。）

③ スカイツリーの前に電波を飛ばしていた電波とうは何ですか。
（東京タワー　）

④ 首都けんのけんと同じ使い方をしている言葉を選んで○をつけましょう。
　（　　）神奈川けん →県…都道府県名のこと
　○（　　）○○けん内→圏…はんいのこと
　（　　）入場けん →券…チケットのこと

⑤ 電波がとどきにくい場所がふえたのはどうしてですか。
（高そうビルがたくさん建つようになったから。）

⑥ 今までよりさらに高い電波とうを必要とするのはなぜですか。
（電波を広い地域にとどけるため。）

〔「〜から」と同じで、理由を答える言い方だよ〕

説明文 東京スカイツリーのひみつ②

名前

月　日

● 次の文章を読んで後の問いに答えましょう。

せの高いタワーがたおれず安定するために
は、足もとの柱と柱とのきょりが長いほうが
有利です。□、すもうをとるときには、
両足を大きく開いてふんばり、たおされない
ようにして相手と組み合います。
東京タワーの場合、足もとに四本の大きな
柱があり、真上から見ると足もとが正方形に
なっています。柱と柱の間のきょりは、九五
メートルもあり、高さ三三三メートルのタワ
ーを四本の柱がしっかりとささえています。

一方、東京スカイツリーは、東京タワーの
二倍近くの高さがあるのですが、この細長い
土地では、足もとの正方形の一辺の長さは約
六〇メートルしか取れません。このきびしい
条件の中で、どうやって安全なタワーを建
てられるのか、設計者たちはけんとうを重ね
ました。
設計者たちが、いくつものけいを作り、
話し合いを重ねたところ、足もとを正三角形
にすれば一辺の長さが約六八メートルと、四
角形にするよりも一辺あたり八メートル長く
取れることが分かりました。それで、このタ
ワーの足もとは世界でもめずらしい正三角形
になっているのです。

堀井 宏臣「みんなと学ぶ 小学校国語 五年 上」学校図書

① せの高いタワーが安定するためにはどんなこ
とが有利ですか。
（足もとの柱と柱とのきょりが長いこと。）

「〜こと。」と答えよう

② □に入る言葉を選んで○をつけましょう。
　　　なぜなら
　○　逆に
　　　例えば

③ タワーの安定を説明するために何の例をあげ
ていますか。
（　すもう　）

④ きびしい条件とは何ですか。正しい文を選ん
で○をつけましょう。
（○）建設の費用がかかりすぎること。
（　）細長い土地で柱のきょりが十分にとれ
　　ないこと。
（　）工事の期間があまりないこと。

⑤ 表の空いているところに、数字や言葉を入れ
ましょう。

	高さ（m）	一辺の長さ（m）	足もとの形
電波とう			
東京タワー	三三三	九五	正方形
東京スカイツリー	六三四	約六八	正三角形

⑥ よく調べたり考えたりするという意味の言葉
を文中からさがしましょう。
（　けんとう　）

説明文 東京スカイツリーのひみつ③

名前

月　日

● 次の文章を読んで後の問いに答えましょう。

東京スカイツリーの本体は、大きく分ける
と、外側の「とう体」、いちばん内側にある
「心柱」、とう体と心柱の間の鉄骨づくりの
「シャフト」の三つの部分から成り立ってい
ます。
中心にある「心柱」は、鉄筋コンクリート
でできた大きな柱のようなものですが、実
は、この心柱はタワーの中でつるされてい
て、心柱ととう体はつながっていません。と
う体の中にすき間をつくり、建物と心柱のお
もりのゆれのタイミングをずらすことで、建
物のゆれを小さくすることができるようにし
ているのです。
ところで、古い昔に建てられた、奈良の法
隆寺や日光東照宮などの五重のとうにも
「心柱」がありますが、おどろいたことに、
現在まで地しんでたおれた記録がありませ
ん。東京スカイツリーの心柱は、昔の建て方
をヒントに、新しい技術でつくられている
のです。
また、高いタワーを安定して建てるには、
建物自体を軽くすることも重要です。いちば
ん外側にある「とう体」は、鉄板をあみの目
のようにふくざつに組み合わせたように見え
ますが、これらの一つ一つは、鉄柱ではなく
中が空洞の鋼管でできています。

堀井 宏臣「みんなと学ぶ 小学校国語 五年 上」学校図書

① 東京スカイツリーの本体は何から成り立って
いますか。
外側の「とう体」
いちばん内側にある「心柱」
とう体と心柱の間の鉄骨づくりの「シャフト」
（三つ）

② 心柱は何でできていますか。
（鉄筋コンクリート）

③ 建物と心柱のおもりのゆれのタイミングをず
らすとどうすることができますか。
（建物のゆれを小さくすることができる。）

④ 心柱がある、古い昔に建てられたものにはど
んなものがありますか。
（奈良の法隆寺）や
（日光東照宮などの五重のとう）

⑤ 問題を解く手がかりという意味の言葉を文中
からさがして書きましょう。
（ヒント）

⑥ 心柱とともに、高いタワーを安定して建てる
のに重要なことは何ですか。
（建物自体を軽くすること。）

古典 枕草子／清少納言①

① もとの文章と、現代の書き方に直した文章を読んで答えましょう。

② 上の文章の続きです。読んで答えましょう。

名前

月　日

春はあけぼの。
やうやう白くなりゆく山ぎは、
すこし明かりて、紫だちたる
雲の細くたなびきたる。

春は、夜明け。
だんだん白くなっていく山際の空が、
ほのかに明るくなって、紫がかった雲が
細くたなびいている。

① 季節は、いつですか。（　春　）

② 次の言葉は、現代ではどういう意味になるでしょう。
あけぼの　（　夜明け　）
やうやう　（　だんだん　）
明かりて　（　明るくなって　）

③ 春は、いつがいいといっていますか。次の中から選んで○をつけましょう。
夜明け（○）　夕ぐれ（　）

現代の書き方とよく見比べよう

夏は夜。
月のころはさらなり、
闇もなほ、
蛍の多く飛びちがひたる。
また、ただ一つ二つなど、
ほのかに、うち光り行くもをかし。
雨など降る夜もをかし。

夏は夜。
月の出ているころは言うまでもない。
やみの夜もやはり、
ほたるがたくさん飛びかっているのも、
また、ほんの一つ二つとかすかに光って
動いていくのもあじわいがある。
雨が降る夜も、あじわいがある。

① 季節は、いつですか。（　夏　）

② 次の言葉は、現代ではどういう意味になるでしょう。
さらなり　（　言うまでもない　）
ほのかに　（　かすかに　）
をかし　　（　あじわいがある　）

③ 夏は、いつがいいといっていますか。次の中から選んで○をつけましょう。
昼（　）　夜（○）

古典 枕草子／清少納言②

① もとの文章と、現代の書き方に直した文章を読んで答えましょう。

② 上の文章の続きです。読んで答えましょう。

名前

月　日

秋は夕暮れ。
夕日のさして、山の端いと近
うなりたるに、烏の寝どころへ
行くとて、三つ四つ、二つ三つな
ど、飛びいそぐさへあはれなり。
まいて、雁などの列ねたるが、
いと小さく見ゆるは、いとをかし。
日入りはてて、風の音、虫の音
など、はた言ふべきにあらず。

秋は夕暮れ。
夕日が照って、山のはしにたいそう近
くなったころに、からすがねぐらへ帰ろ
うとして、三つ四つ、二つ三つ群れて飛
びいそぐすがたまでがしみじみとしたお
もむきを感じさせる。
まして、かりが連なっているのが、た
いそう小さく見えるのは、ほんとうに
風情がある。
日がすっかりしずんでしまって、聞こ
える風の音や虫の音は、これもまたなん
とも言いようがない。

① 季節は、いつですか。（　秋　）

② 秋は、いつがいいといっていますか。次の中から選んで○をつけましょう。
早朝（　）　夕ぐれ（○）

冬はつとめて。
雪の降りたるは言ふべきにあ
らず、霜のいと白きも、またさ
らでもいと寒きに、火など急ぎ
おこして、炭もて渡るもいとつ
きづきし。
昼になりて、ぬるくゆるびも
ていけば、火桶の火も白き灰が
ちになりてわろし。

冬は早朝。
雪の降っている朝は言うまでもなく、
霜がたいそう白い朝も、またそうでなく
てもたいそう寒い朝に、火などを急いで
おこして炭を持って運ぶのもたいそうに
つかわしい。
昼になって、寒さがだんだんゆるんで
いくと、火ばちの火も白い灰ばかりにな
ってよくない。

① 季節は、いつですか。（　冬　）

② 冬は、いつがいいといっていますか。次の中から選んで○をつけましょう。
早朝（○）　夕ぐれ（　）

46

古典 徒然草／兼好法師

名前　　　　　　月　　日

● もとの文章と、現代の書き方に直した文章を読んで答えましょう。

つれづれなるままに、
日暮らし、すずりに向かひて、
心にうつりゆく
よしなしごとを、
そこはかとなく書きつくれば、
あやしうこそ
①（い）
ものぐるほしけれ。

何もすることがないまま、
一日中、すずりに向かって、
心に次々にうかんでくる
とりとめもないことを、
気ままに書いていくと
異常なほど
②（お）
気が変になってくる。

---

(1) 文中の①を現代かなづかいに直します。
　　□……□から選んで（　）に書きましょう。

おい

(2) 文中の②を現代かなづかいに直します。
　　□……□から選んで（　）に書きましょう。

おう

---

(3) 次の部分は、現代ではどういう意味になってしょう。

つれづれなるままに（　　　）

心にうつりゆく（　　　）

そこはかとなく（　　　）

気ままに（　　　）

(4) 次のような現代の言葉を、もとの文章ではどのように書いているでしょう。

一日中（　　　）

とりとめもないこと（　　　）

異常なほど（　　　）

(5) 古典の作品とその作者を線で結びましょう。

枕草子　　　　　清少納言

方丈記　　　　　兼好法師

徒然草　　　　　鴨長明

おつかれさま！
よくがんばったね
